Traverses

DU MÊME AUTEUR

Journal de Gand aux Aléoutiennes, J.-C. Lattès, 1982.

L'Or du scaphandrier, J.-C. Lattès, 1983.

La Ligne de front, Quai Voltaire, 1988.

La Frontière belge, J.-C. Lattès, 1989.

Cyrille et Méthode, Gallimard, 1994.

Joséphine, Gallimard, 1994.

Zones, Gallimard, 1995 (Folio n° 2913).

L'Organisation, Gallimard, 1996.

Jean Rolin

Traverses

NiL
éditions

Ouvrage édité par Maley Ozannat

Juste avant d'entrer en gare de Bordeaux-Saint-Jean, la voie ferrée franchit un fleuve si large, si boueux, qui a l'air de venir de si loin et d'être encore disposé à couvrir de telles distances, si possible en sortant de son lit et en inondant tout sur son passage, qu'à chaque fois il me paraît mesquin et presque ridicule d'y reconnaître la Garonne. Quant à la ville, j'ai beau savoir depuis longtemps qu'elle s'étend sur la rive gauche du fleuve, je n'ai jamais pu me résoudre à ne pas la chercher d'abord sur l'autre rive. Ainsi, à Paris, est-ce une chose de convenir en principe du coude que dessine le boulevard Richard-Lenoir avant de couper le boulevard Voltaire, et une autre de renoncer à le redresser mentalement afin de simplifier la topographie du

XIe. Il y a des années – dans la nuit des temps –, à la suite d'une controverse amicale un peu vive à La Rochelle, je me suis retrouvé aux petites heures de l'aube couché sur un banc de la gare de Bordeaux-Saint-Jean dont la voûte, dès que j'ouvrais un œil, se mettait à tourner comme celle d'un planétarium, et de plus en plus vite, avec la volonté manifeste de se détacher du sol et de m'entraîner malgré moi dans cette ascension contre nature. Lorsque je pus me tenir debout et sortir de la gare sans risquer une arrestation ou d'autres désagréments, la première chose que je rencontrai en ville fut une camionnette verte sur les flancs de laquelle, de chaque côté, se détachait en lettres blanches le mot « Eternité ».

Aujourd'hui, jeudi 27 novembre 1997, la nuit tombe alors que le train traverse les Landes, ou les côtoie, entre Bordeaux et Dax. Au pied des pins s'étend par endroits une couche superficielle de brouillard très dense, comme un gaz de combat, et au-dessus, vers l'ouest, se déploie sur le fond jaune du ciel un éventail de petits nuages gris ardoise. Comme presque toujours, les efforts que fait le paysage pour ressembler à un tableau – ici, un tableau de Friedrich – me mettent de bonne humeur.

Le premier soir, et encore le second, j'ai dîné avec T. Entre-temps je me suis installé à l'hôtel de la Marne, dans une chambre ouvrant sur une terrasse comme laissée en jachère, avec quelques bacs de plantes rechignées et deux ou trois sièges de plastique blanc. Cette terrasse donne sur une cour bornée par un haut mur couvert de lierre, et au-delà sur les HLM d'une cité avec lesquels, au prix de quelques acrobaties, il est possible de communiquer par les toits : sans doute est-ce pour cette raison que la femme de ménage, si j'ouvre en me réveillant le volet métallique de la porte-fenêtre, s'empresse de le refermer hermétiquement, plongeant ainsi ma chambre dans l'obscurité. A quelques centaines de mètres de l'hôtel, l'avenue de la Marne franchit l'Adour, dont les eaux rapides et peu profondes, bouillonnantes, sont en dépit de cette agitation colonisées par d'abondantes algues vertes. A l'horizon, quelques pans de la chaîne des Pyrénées, certains couverts de neige, apparaissent à travers les déchirures des nuages.

J'ai connu T., pas plus que ça d'ailleurs, il y a un an ou un an et demi. Elle était alors engagée dans des procédures hasardeuses qui ne lui laissaient qu'assez peu de chances de survie. Auparavant, T. avait été mannequin, elle avait habité des villes prestigieuses, loin de Tarbes où il semble que personne n'aille vivre de son plein gré, excepté peut-être quelques spécimens chez qui la passion du rugby a éclipsé tout autre intérêt dans l'existence. Le premier jour – le jour de mon arrivée – nous avons dîné dans un restaurant de la place de Verdun, puis je l'ai raccompagnée en taxi et je suis rentré à l'hôtel. Le lendemain matin j'ai été réveillé de bonne heure par les merles. A part rendre visite à T.

je n'avais rigoureusement rien à faire à Tarbes, où il ne faut pas trop compter sur le hasard pour vous procurer des occupations amusantes au pied levé. Sur la première place en sortant de l'hôtel – car si peu urbaine que soit cette ville, elle compte tout de même un certain nombre de places – j'ai acheté à une marchande ambulante un morceau de pain chaud avec quelque chose dedans, vraisemblablement une saucisse. Tout en mâchant cette vraisemblable saucisse, je déchiffrais à l'étalage d'un marchand de journaux le titre suivant : « *Hot vidéo*, unique ! Deux magazines pour le prix d'un ! Chez vous, votre actrice préférée ! » Toutes les filles qui figuraient sur la couverture – nos actrices préférées – avaient de gros nichons.

Dans le journal local, l'actualité internationale se résumait à une colonne de brèves, parmi lesquelles se détachait pour moi celle qui annonçait le décès, à un âge très avancé, de Kamuzu Hastings Mbanda, un dictateur de très petite taille qui avait régné sur un très petit pays d'Afrique centrale, au bord d'un grand lac, pendant un nombre incalculable d'années. De son vivant, Mbanda interdisait que l'on jetât les journaux dans lesquels était reproduit son portrait, or celui-ci était chaque jour à la une de l'unique quotidien publié dans le pays, si bien que toutes les personnes tenues de l'acheter devaient bientôt disposer d'un local spécial pour stocker leurs collections de ce journal, lequel, illisible dès le jour de sa parution, n'offrait a fortiori aucune possibilité de relecture. Il était également interdit de s'asseoir sur le journal, et plus encore de l'assujettir à des tâches domestiques telles que le dépoussiérage des chaussures ou l'emballage des légumes. Quant au journal de Tarbes, il compte inévitablement beaucoup de pages sportives, puisque toute la région, comme je l'ai noté ci-dessus, est adonnée à la monoculture du rugby. Une autre spécialité de Tarbes étant le parachutisme d'infanterie de marine, on rencontre en ville énormément d'adeptes de cette discipline. En face de l'hôtel de ville, le monument à Danton et à la levée en masse est couvert de graffitis « Nique la police », et plusieurs personnages du groupe sculpté, à commencer par Barra, le petit tambour, ont été amputés de leurs mains ou de leurs bras. Dans le ciel de Tarbes tourne sans relâche, à basse altitude, un avion ravitailleur de l'armée de l'air.

A la nuit tombée, après avoir passé une heure ou deux dans un café de la place de Verdun à faire semblant de lire, et à observer par en dessous les relations cordiales qui unissaient à deux loufiats d'apparence fasciste un groupe de jeunes aux allures pour certains de dealers et pour d'autres de prédicateurs islamistes, à la nuit tombée, car il me fallait attendre qu'elle soit revenue de l'école hôtelière où elle suit une formation de standardiste ou d'hôtesse d'accueil, je me suis mis en route vers le foyer de jeunes travailleurs où loge T. Il faut pour atteindre ce foyer suivre sur environ deux kilomètres une rue toute droite, éclairée avec parcimonie, qui franchit en souterrain la voie ferrée avant de laisser sur sa droite un établissement du Groupe industriel de l'armement terrestre, puis de s'enfoncer dans cet univers indécis qui s'étend désormais, identique, à la périphérie de toutes les villes. Le foyer des jeunes travailleurs se trouve sur la droite et un peu en retrait de la rue, dont le sépare une sorte de grand paillasson recouvert de gravier et accessible aux voitures. Le bar du foyer est décoré de reproductions de tableaux de maîtres – je me souviens d'avoir repéré un Kandinsky – et le hall tapissé d'affiches dont chacune met en garde contre l'un ou l'autre des périls supposés menacer plus particulièrement la jeunesse – sida, toxicomanie, alcoolisme, hépatites B ou C – d'où se dégage l'impression déprimante que tous les plaisirs relèvent plus ou moins de la pathologie. Du moins aucune affiche ne souligne-t-elle les méfaits du tabagisme, et l'état de remplissage des cendriers du hall confirme que ce serait peine perdue. Lorsque je m'enquiers de T. auprès du gros qui est assis à la réception, il me fait signe de monter, un peu comme s'il s'agissait d'un hôtel de passe. La chambre de T. est située au deuxième étage, ou peut-être au premier si le bâtiment n'en compte qu'un seul. A l'intérieur je remarque un peu de linge qui sèche, et pas d'autres photographies que quelques publicités découpées dans des magazines et représentant des filles minces, arrogantes et sexy. Il se dégage de cette chambre une impression d'enfance et de solitude. T. n'arrive qu'au bout d'une minute ou deux. Je suis relativement gêné de m'être introduit dans sa chambre, sans le vouloir, à son insu, mais il ne semble pas qu'elle remarque cette gêne. La nuit dernière, me raconte T., un dealer qui depuis plusieurs semaines, sans être inquiété, avait élu domicile au foyer, et son associée, une fille de seize ou dix-sept ans que la rumeur crédite d'un infanticide, sont tombés sur une pensionnaire régulière et l'ont rouée de coups pour lui extorquer de l'argent. Le type de l'accueil s'est interposé, la gérante du foyer s'est déplacée et a viré le couple, mais sans avertir la police, peut-être par crainte de représailles.

Nous sommes à table, dans un restaurant de « spécialités » voisin de la place de Verdun. Pendant toute la durée du dîner, et même alors que la pluie aura commencé à tomber, on verra par la fenêtre du restaurant défiler dans la rue qui mène à la gare un flot ininterrompu de permissionnaires au crâne rasé, têtes rondes et lisses, oreilles décollées, chargés d'énormes sacs qui leur battent les flancs, tantôt solitaires et plus souvent par groupes. Je m'efforce de boire avec modération, ce n'est pas facile, afin de ne pas induire T. en tentation. T. a beaucoup changé depuis notre première rencontre, dans un café de la place de la Bastille où elle m'avait taxé d'une petite somme prétendument destinée à l'achat d'un billet de train, mais peu depuis la dernière, dans le parc de l'institution. Elle avait alors retrouvé des joues qui faisaient ressortir son caractère enfantin, des manières qui faisaient ressortir ses origines provinciales, et sous l'accent de Barbès qu'elle modulait auparavant d'une voix caverneuse, tonitruante, stupéfiante chez un être aussi frêle, avait resurgi celui, originel, du Sud-Ouest. Rayonnante si l'on veut de santé, enfin de ce qu'on appelle ainsi, elle exprimait de manière lancinante sa crainte de retomber, et c'est en effet ce qui était advenu, le jour même de sa sortie. Ce faisant elle s'était naturellement privée de tous les avantages que l'institution prodiguait à ses anciens pensionnaires, de retour à la vie civile, pourvu qu'ils persistent dans leurs dispositions hygiéniques. Rentrant de voyage, fin juillet, j'avais trouvé sur mon répondeur un message d'elle, déjà ancien, m'enjoignant de la rejoindre aussitôt dans ce même café de la Bastille où nous nous étions rencontrés pour la première fois, faute de quoi il ne lui resterait plus qu'à mourir, et ainsi de suite. Cyniquement, si l'on veut, je m'étais félicité de n'avoir pas été là pour recevoir cet appel. Après tout, je ne la connaissais pas plus que ça.

Il est difficile aujourd'hui, dans ce restaurant de Tarbes où elle porte la nourriture à ses lèvres avec autant de doigté qu'une élève des grandes écoles en début de carrière dans une administration prestigieuse, il est difficile aujourd'hui de reconnaître dans T. l'héroïne de ses précédentes aventures. T. démolissant à coups de latte une porte vitrée épaisse comme ça. T. faisant la conquête d'un dealer, prenant avec lui une chambre dans un hôtel (inévitablement « borgne ») et, au risque de se tromper dans le dosage, mêlant à sa boisson assez de somnifères pour avoir le temps de lui faire les poches et de s'éclipser, le laissant inanimé dans la chambre. T. en fuite – mais où fuir ? T. menacée de défiguration. Puis T. dans le restaurant de Tarbes, avec ses joues roses, ses cheveux courts, ses manières de table impeccables et sa pointe d'accent du Sud-Ouest, m'entretenant de ses dernières lectures, des nouvelles de Maupassant puis un livre pour midinette qu'elle ne peut s'empêcher, tout en s'en excusant, de trouver aussi bien que le précédent. T. se plaignant de sa solitude – alors, me disais-je stupidement, que j'ai fait tout ce chemin pour la voir. T. évoquant ce voyage en train qu'elle fit avec son père lorsque celui-ci était venu les chercher, elle et son mec d'alors, pour les soustraire à Barbès et les acheminer vers un lieu de cure : elle et le mec dans de continuels va-et-vient entre les toilettes et le compartiment, le père allongé sur la banquette, son litre de raide à la main, et bientôt les pieds sur les genoux de l'unique passagère qui ne fasse pas partie du groupe. Dans le récit qu'elle fait de ce voyage, il est impossible de déterminer si le geste du père – se détourner de ses occupations, s'extraire de sa province, venir les chercher, les emmener – est ruiné en totalité ou seulement en partie par l'affichage de sa propre addiction.

Lorsque à la fin du repas j'ai commandé une poire, T. en a voulu une également, me faisant aussitôt regretter de m'être laissé aller à mon penchant. En buvant, d'autre part, je craignais de devenir plus friable et je n'y tenais pas. J'imaginais le père étendu sur la banquette du train, les pieds sur les genoux de la passagère hors du coup, éclusant son whisky à même la bouteille, et je ne pouvais me défendre d'une certaine sympathie à son égard. Ce n'est pas ma pente naturelle de condamner les pères parce qu'ils ont mangé des raisins verts, quand bien même leurs enfants en auraient les dents agacées. Puis T. a reniflé sa poire avec circonspection, elle en a bu une gorgée, l'a trouvée trop forte et m'a tendu son verre. Alors que nous sortions du restaurant et que je me demandais si j'avais définitivement passé l'âge de plaire à une fille deux fois plus jeune que moi – présumant que la question ainsi posée n'avait guère de sens, et ne me souciant pas outre mesure, à cet instant du moins, de la réponse –, une averse de pluie et de grêle s'est abattue sur la ville avec une telle violence, une telle soudaineté, que la place de Verdun, d'où seuls émergeaient du chaos liquide quelques palmiers aux troncs grêles et velus, à la chevelure raide agitée en tous sens, évoquait comme jamais un plan de *Key Largo*.

Le lendemain, à 13 heures, ayant pris congé de l'hôtel de la Marne, chargé à l'instar des permissionnaires d'un sac de voyage extrêmement lourd, retenu à l'épaule par une bretelle, je me suis mis en route vers le café du centre-ville où il me semblait que la nuit précédente, en nous quittant, nous avions pris rendez-vous pour le début de l'après-midi, sans plus de précision. Dans la rue principale, aux devantures des boutiques, quantité d'affichettes neuves, éditées par *La Dépêche*, invitaient à « ne pas abandonner » Marion, l'enfant « disparue le 14 novembre 1996 à Agen », et dont le portrait avait été diffusé depuis dans toute la France – et jusque dans les pays limitrophes – à des milliers d'exemplaires, affichés dans des lieux publics tels que les stations de transports en commun ou les gares, au point que même à l'être le plus distrait, le moins observateur ou le plus indifférent ses traits de petite fille ordinaire et souriante avaient fini par devenir familiers (et à moi, donc, qui étais toujours en mouvement, passant parfois une heure ou deux, au fin fond des Vosges ou du Massif central, dans la salle d'attente d'une gare où depuis peu il était par surcroît interdit de fumer, sans autre compagnie et sans rien à regarder que ce visage). Sur la place de Verdun était dressée une tente blanche abritant des jeunes gens dévoués, qui à l'aide de tracts, de panneaux explicatifs sobrement illustrés et de musiquettes s'efforçaient d'attirer l'attention d'autres jeunes gens sur les dangers du sida et les moyens de s'en protéger. En approchant des palmiers – qui, séchés et recoiffés, mais toujours grêles et pileux du tronc, avaient retrouvé leur allure de palmiers de Tarbes – je tombai sur le zonard le plus assidu dans cette partie de la ville, un type d'une force peu commune, gréé d'un havresac à plusieurs étages, exempt de chien mais toujours armé d'un bâton, qui avec sa barbe de plusieurs jours, son capuchon d'anorak rabattu sur les yeux, dissimulant à moitié une expression hagarde et triomphale, évoquait quelque conquérant du Pôle ou de l'Annapurna dans les temps héroïques. En ce début d'après-midi la salle du *Moderne* était à peu près déserte, mais dans le petit salon situé derrière le comptoir, sur le chemin des toilettes où la nuit dernière, trempé jusqu'à la moelle, j'avais épuisé la totalité des réserves de papier hygiénique dans de vaines tentatives pour me sécher les cheveux, quelques clients taciturnes regardaient les images de rugby que deux téléviseurs transmettaient en permanence, jour et nuit, la popularité de ce sport dans l'hémisphère Sud et le décalage horaire permettant de n'être jamais à court de match. En lisant pour de bon ce livre que j'avais feint de lire la veille, j'ai attendu jusque vers 4 heures que T. vînt me retrouver. Puis il me sembla que l'après-midi, bien loin d'en être toujours à ses débuts, tirait désormais sur sa fin, même pour quelqu'un dont la conception du temps était évidemment beaucoup plus élastique que la mienne. Un doute me vint alors non sur le lieu – car il était inconcevable que notre choix se fût porté sur un autre établissement que *Le Moderne* – mais sur l'heure et les modalités du rendez-vous. Peut-être était-il convenu qu'avant de quitter l'hôtel, j'appellerais le foyer des jeunes travailleurs afin d'informer T. de ce mouvement. Peut-être aurais-je dû attendre à la réception de l'hôtel un appel de T. Peut-être T. m'avait-elle sciemment posé un lapin, soit qu'elle m'eût assez vu, de façon générale, soit que la perspective de notre séparation à Toulouse lui posât autant de problèmes protocolaires qu'à moi-même. Car si j'attendais T. au *Moderne*, c'était afin qu'elle-même et deux de ses collègues du foyer – dont l'une, parce qu'elle avait travaillé un an ou deux comme femme de chambre dans des Relais et Châteaux, excitait particulièrement mon imagination – m'acheminent dans la voiture de l'une d'elles à Toulouse, où je comptais me rendre pour une durée indéterminée et sans projet précis (ou du moins sans projet plus précis que d'y descendre à l'hôtel de l'Ours Polaire, dont le nom me plaisait) tandis qu'elles-mêmes prévoyaient d'y passer la soirée, ou plutôt la nuit, à faire la tournée des boîtes et, si possible, à lever des mecs. Enfin, le cas échéant, car il faut tout prévoir, à se défoncer. Or si je m'étais par avance armé d'une résolution sans faille contre toute tentation de les accompagner dans cette tournée, car je ne tenais pas à me rendre ridicule, ni même à m'infliger le supplice d'une nuit entière à regarder danser des gamines en écoutant de la techno, il se pouvait que les filles, de leur côté, et plus particulièrement les deux qui ne me connaissaient pas, m'aient soupçonné d'autres desseins, et que dans la crainte de devoir m'évincer à Toulouse dans des conditions peut-être moins propices, elles aient pris les devants et décidé de me planter à Tarbes. A charge pour T. de me prodiguer par la suite des explications ingénieuses, d'où il ressortirait que ma négligence ou mon imprécision étaient à l'origine de ce rendez-vous manqué. A tout hasard, j'appelai le foyer, où l'on me confirma que T. était partie depuis longtemps pour Toulouse.

Impatient désormais de quitter Tarbes, suivant le même trajet que les permissionnaires de la veille, avec leurs oreilles décollées, je marche vers la gare à grands pas, aussi vite que m'y autorise le poids considérable de mon sac. En marchant ainsi, j'atteins un état d'hébétude assez voisin, du moins je l'imagine, de celui du soldat en campagne. Les vibrations de mes pas me remontent jusque dans la nuque, tandis que la pluie, qui s'est remise à tomber, me ruisselle dans le cou. Par instants la tentation me vient d'envisager cette issue sous un angle tragique, puis la certitude que ce voyage était dépourvu d'enjeu me convainc qu'il ne saurait se terminer par un drame. J'aimerais marcher longuement, passant la bretelle de mon sac d'une épaule à l'autre, mais la gare de Tarbes n'est malheureusement guère éloignée de la place de Verdun. Au buffet, deux ou trois clients regardent à la télévision des images d'un match de rugby opposant l'Angleterre à l'Afrique du Sud. A peine le train à destination de Dax s'est-il ébranlé – un train d'une incroyable vétusté, glacial et malodorant – que je remarque en contrebas de la voie des types en short, avec des cuisses énormes, qui se courent après sous la pluie, se rentrent dedans et se précipitent mutuellement, par grappes, dans la boue. Lors de l'arrêt en gare de Lourdes, au crépuscule, sous des trombes d'eau qui ne masquent pas totalement les centaines de lumières, des cierges probablement, scintillant le long du gave dans les parages de la grotte, j'envisage un instant de descendre du train et de m'arrêter dans cette ville pour la nuit. Puis le souvenir me revient d'un célèbre assassin de petites filles qui, voici quelques années, juste après l'un de ses meurtres, avait tenté de se donner la mort dans un hôtel de Lourdes, et la crainte de me retrouver dans la même chambre du même hôtel me détourne de ce projet.

Le type qui courait après le fantôme de la sidérurgie s'était arrêté tout d'abord en gare de Denain. Cela se passait quelques mois auparavant, en ce début d'automne si chaud et sec, dans le Nord, que les producteurs de patates se plaignaient de ne pouvoir soustraire leurs tubercules à la terre durcie par le manque d'eau. La gare de Denain est petite, de la taille à peu près d'un arrêt de bus, à la limite de l'abandon – les usagers ne cessant de se raréfier et le dernier employé ayant été remplacé par un distributeur automatique de billets –, elle donne sur une place bordée d'immeubles bas, d'un rouge éteint, une place si chétive, si étriquée, qu'il est difficile aujourd'hui de se la représenter telle qu'elle fut à la fin des années 70, au moins de temps à autre, c'est-à-dire noire de monde, constellée d'oriflammes, résonnant tour à tour des accents de la *Marseillaise* et de l'*Internationale*. (Et parfois ça dégénérait, parfois les dossiers volaient par les fenêtres de la perception, les boulons fendaient l'air et s'abattaient en pluie sur les boucliers de plexiglas, des trains étaient stoppés, des voitures incendiées, et le vieil épouvantail de la révolution sociale, si familier – il faisait depuis si longtemps partie des meubles –, à peine plus effrayant qu'un masque de carnaval et tellement moins que la perspective d'un coup de batte de base-ball entre les oreilles dans un train de banlieue, le vieil épouvantail de la Sociale reprenait du poil de la bête.)

En approchant de la place Gambetta, alors que je viens de franchir la voie ferrée désaffectée au-dessus de laquelle se dressent sur la droite les friches de l'usine Cail, et plus loin, à la sortie de la ville en direction de Douai, le sommet verdâtre, couleur de cuivre oxydé, du terril de la fosse Renard, j'observe une fois de plus qu'aussi déliquescente que soit l'économie d'une ville, aussi élimé son tissu social, on est presque sûr d'y rencontrer tout d'abord plusieurs entreprises de pompes funèbres, puis au moins autant de salons de coiffure, sans doute parce que la délocalisation de ces deux activités se heurte à des difficultés provisoirement insurmontables. Sur la place, je me suis présenté au café *Le Chambord*, qui dans l'annuaire est répertorié comme un hôtel. Il s'est avéré qu'on ne pouvait y louer de chambre qu'au mois. A côté, une dizaine de retraités maghrébins étaient occupés à construire une mosquée, et deux vieilles femmes chargées de cabas, probablement des veuves de maçon, échangeaient avec eux des commentaires techniques sur les difficultés de leur entreprise. Par la suite, d'autres femmes que rien ne distinguait, en apparence, de ces deux présumées veuves de maçon, me désignèrent ce quartier de Denain comme dangereux ou malsain, puis, en se faisant prier, comme un « repaire d'intégristes ». Tout cela ne faisait pas avancer ma recherche d'une chambre d'hôtel. Rue de Villars, des haut-parleurs diffusaient en continu de la musiquette, il régnait en somme une certaine animation, particulièrement aux abords du Carrefour. Dans l'entrée de cet établissement des gens faisaient la queue devant un dinosaure en plastique de grande taille, avant de lui présenter des sortes de tickets que la plupart du temps il avalait sans réagir – dans ce cas le joueur avait perdu – mais qui de loin en loin, en fait très rarement, déclenchaient un signal sonore évoquant une alarme antivol de faible intensité, puis l'expulsion par le dinosaure d'un petit objet sans valeur, et dans ce cas le joueur avait gagné. En plus du Carrefour la rue de Villars compte encore un certain nombre de boutiques, et je pénètre dans l'une d'elles, où l'on vend des journaux, afin d'acheter *La Voix du Nord* et de m'enquérir d'un hôtel. La dame de la boutique est en conversation avec un représentant-placier, l'un et l'autre semblent désireux de m'aider, au point que quelques minutes après mon arrivée la marchande de journaux disparaît dans son arrière-boutique et en ressort avec plusieurs ouvrages d'histoire locale évoquant l'épopée de la mine et de la sidérurgie, la naissance, l'apogée, le déclin et la disparition, légèrement décalés dans le temps, de l'une et de l'autre. Il émane de ces ouvrages, que je consulterai deux jours plus tard dans une chambre d'hôtel donnant sur la gare de Valenciennes, une grande nostalgie de cette époque où l'activité industrielle semblait tendre sans trop d'à-coups vers toujours plus de gigantisme et de performance – « 1962, le cap des deux millions de tonnes d'acier est franchi ! » –, engendrant une classe laborieuse toujours plus nombreuse, plus organisée, plus « consciente » (c'était le langage de l'époque), et que le mouvement même de cette croissance, conjugué au progrès de cette conscience, devait inéluctablement conduire à une sorte d'apothéose qui par des voies certes assez obscures, et même très foireuses là où ce mécanisme avait été déjà mis en œuvre, entraînerait cahin-caha la libération de l'humanité tout entière.

Reprenons : le Chambord ne loue de chambre qu'au mois, le Villars est fermé. Il semble donc impossible, au moins pour aujourd'hui, de dormir à Denain. Mais la marchande de journaux, qui est aussi la fille d'un héros de la mine, décoré pour avoir sauvé plusieurs de ses camarades lors d'une catastrophe, la marchande de journaux n'entend pas me laisser coucher dehors : elle s'adresse au représentant, et celui-ci propose de me conduire jusqu'à l'hôtel le plus proche, dans sa voiture – sans doute une Safrane – au coffre rempli d'échantillons de produits de rasage. A l'instant où nous montons dans la Safrane, des enfants déguisés en mineurs – avec la « cotte », le casque, la lampe et le pic – se rassemblent devant l'hôtel de ville, puis, aux accents d'une fanfare, ils se mettent en marche le long de la rue principale, annonçant à la foule clairsemée l'ouverture prochaine de la ducasse. Passé le canal (l'Escaut canalisé), à la sortie de Denain, au carrefour de la N 45 et de la N 30 (très précisément en face de l'arrêt « Rouvignies-église » du bus n° 6 à destination de Valenciennes), un grand tas de betteraves se dresse sur le bas-côté de la route, comme un de ces tumulus auxquels le voyageur ajoute sa pierre au passage. Il y a aussi quelques vaches, de ces vaches des confins ville/campagne dont on a l'impression qu'elles ont été délibérément égarées, comme des meubles auxquels on ne tenait plus, dans le cours d'un déménagement. Chemin faisant, le représentant se plaint de la décrépitude de la région et me fait part de son intention d'émigrer dans le Sud. Sans doute, dans le Sud, se rase-t-on plus souvent et de plus près. D'ailleurs il n'est pas le premier que je rencontre : beaucoup de gens dont les affaires s'étiolent ou dont la vie bat de l'aile, dans le Nord, caressent le projet de s'installer dans le Midi, même s'il est vraisemblable que peu y parviendront, et que moins encore y verront leurs affaires reprendre ou leur vie se redresser. Lorsque je lui demande d'où il est originaire, il me répond : « De Marrakech », puis, après avoir joui de ma surprise, se tapant sur les cuisses : « Enfin de Roubaix, c'est pareil. Vous voyez ce que je veux dire ? »

Le jour déclinait et nous avions atteint la zone d'activités de Rouvignies-Prouvy. Çà et là se dressaient quelques hangars, et dans le lointain la queue argentée d'un avion signalait un petit aéroport (du moins était-il permis de le penser). Le représentant me déposa sur le parvis herbu de l'hôtel Campanile, lequel se compose de plusieurs bungalows montés sur pilotis. Je mis longtemps à trouver la chambre que l'on m'avait attribuée, et lorsque j'y parvins, après avoir déposé mon sac et pris une douche, je ressortis aussitôt sur la coursive. Accoudé au parapet, je regardais les derniers vestiges du jour s'effilocher au-dessus d'un paysage nettement boisé. Bien que les bungalows fussent alignés sur une mince presqu'île faufilée entre une voie rapide, la N 30, et l'autoroute A 2 E 19, dont le trafic ébranlait la fragile structure du bâtiment comme une charge d'éléphants, l'ensemble, peut-être à cause des éléphants et de la verdure, ou plus vraisemblablement des pilotis et des coursives, me fit penser à ce que dans les pays anglophones d'Afrique australe on appelle un *lodge*, et en particulier à l'un de ces derniers, dans la réserve de Masaï-Mara, au Kenya, où d'innombrables années auparavant j'avais passé deux jours en compagnie de M.

M. et moi venions d'horizons différents, et nous nous étions retrouvés à Nairobi au terme de péripéties assez complexes. Durant le voyage en DC3, entre Nairobi et Masaï-Mara, M. avait été si malade que c'est à peine si elle avait pu jeter de temps à autre un coup d'œil pour regarder bondir les gazelles de Grant et les impalas. Le DC3 volait la portière ouverte, comme s'il se disposait à larguer des parachutistes. Puis, comme des milliers de ballots avant et après nous, nous avions fait dans un véhicule à toit ouvrant le tour de la réserve, où nous étions tombés à découvert sur deux rhinocéros noirs extrêmement nerveux, peut-être parce qu'ils avaient conscience d'être parmi les tout derniers représentants de leur espèce. Et ainsi de suite. Au dîner, composé de toutes sortes de mets sans aucun rapport avec l'environnement de la réserve, nous avions bu suffisamment pour marcher par inadvertance, de retour vers notre bungalow, sur la queue d'un éléphant si dans les parages il s'en était trouvé un qui l'eût eue assez longue. Bref, c'était un bon souvenir, et qu'il était plaisant d'évoquer, au crépuscule, dans la zone d'activités de Rouvignies-Prouvy, là où se mêlait la rumeur de l'A 2 E 19 et celle de la N 30. Après dîner, je partis explorer le reste de la presqu'île. En suivant la nationale, au bout d'un kilomètre ou deux, j'atteignis un pavillon de brique, situé en rase campagne, au-dessus duquel brillait une enseigne le désignant comme un bar du nom de *La Polonez*. Derrière le comptoir se tenait une dame blonde, plutôt bien de sa personne, assez vaste, que j'identifiai aussitôt comme la Polonaise (car je n'étais pas tombé de la dernière pluie), et côté client un type costaud, vêtu de sombre et nimbé d'une diffuse aura de malfaisance. Tous deux buvaient du champagne dans des flûtes, et il était manifeste que je les dérangeais. En toute hâte je commandai une boisson alcoolisée assez mauvaise pour n'être pas tenté de la renouveler, que je bus en regardant par-dessus l'épaule de la patronne un calendrier pornographique d'un modèle très répandu dans les départements du Nord et du Pas-de-Calais. Sur un autre mur je remarquai une cible pour jeu de fléchettes. Je me sentais parfaitement bien, animé d'une légère arrogance (comme si le type vêtu de sombre était sur le point de me défier et moi de relever en toute assurance ce défi, avec la certitude de le transformer en moins de deux en chair à pâté, bien qu'il fût vraisemblablement de sept à huit fois plus fort que moi), au point que le sentiment de déranger ces deux quidams, bien loin de nuire à mon bonheur, contribuait à sa perfection. Au retour, les turbulences au passage des camions qui fonçaient à la queue leu leu sur la N 30 faillirent à plusieurs reprises me faire perdre l'équilibre. En passant devant l'hôtel Formule 1, et bien qu'il fût plongé dans les ténèbres, je crus y déceler quelques signes d'une activité bordelière à laquelle je me serais peut-être mêlé s'ils avaient été plus lisibles.

Le dimanche matin j'attendis longtemps le bus n° 6 devant un arrêt situé lui aussi (comme *La Polonez*) en rase campagne, et cependant vandalisé avec tant de soin qu'il n'en subsistait que la grêle et parallélépipédique armature métallique, tel un gibet de poche. Il pleuvait de temps à autre. Dans les prés gorgés d'eau, les vaches égarées lors du déménagement attendaient de leur côté que l'on vînt s'occuper d'elles, et les betteraves enfin soustraites à la terre durcie s'entassaient de plus en plus haut au bord des routes. A quelque distance se tenait une jeune fille solitaire, comme répudiée, encombrée de bagages, issue probablement du centre d'apprentissage situé non loin de l'hôtel Campanile. Enfin le 6 survint. Dans sa course vers le centre de Denain, il avala et régurgita un certain nombre d'adolescents dont le comportement trahissait ce que la presse bien-pensante désigne comme un « déficit de citoyenneté ». Arrivé à Denain, il dut dévier de sa trajectoire habituelle, les artères principales étant occupées par les étalages de marchandises invendables que chacun, fût-il dépourvu de patente, peut y déployer à l'occasion de la ducasse. Si peu de gens achetaient, beaucoup déambulaient, et dans leur manière d'être on décelait encore quelques traces de cette civilité populaire, empruntant à diverses cultures, qui avait été l'une des caractéristiques les plus attachantes de la région avant la grande débâcle de l'industrie. Au pied de la statue du maréchal de Villars, je retrouvai C., avec lequel j'avais pris rendez-vous la veille par téléphone. C. avait été journaliste à *La Voix du Nord*, animateur du club de photo d'Usinor, il avait aussi fondé sans aucun appui extérieur une maison d'édition très précaire, qui avait attendu pour s'effondrer la publication des œuvres complètes de Jules Mousseron, quatre volumes imitation Pléiade à la tranche dorée à l'or fin, plus de trois cents poèmes écrits en patois du Denaisis par ce poète-mineur (c'est-à-dire poète et mineur) qui fut une des gloires de la région, et dont la chambre, fidèlement reconstituée, voisine au musée municipal de Denain avec quelques souvenirs héroïques et confus de la Résistance. Bien que son histoire fût en tous points différente de celle du représentant à la Safrane, C. rêvait lui aussi de s'expatrier dans le Midi. Quelques mois auparavant, il avait perdu sa femme dans des circonstances qui auraient conduit n'importe qui à détester n'importe quel pays.

Lorsque je l'ai retrouvé au pied de la statue du maréchal de Villars, C. était embarrassé d'un minuscule chien dont il était difficile de penser qu'il lui appartenait. En effet, on laissa le chien chez sa mère, qui tenait à deux pas de la statue un de ces magasins que dans le temps on eût appelé une « boutique de mode » : un lieu obscur, tout en profondeur, où dans la pénombre, au-dessus des empilements sans recherche de pulls et d'autres vêtements indistincts, les chairs satinées et la lingerie fine des filles de Lou, de Warner ou de La Perla brillaient insidieusement d'un éclat presque démoniaque. L'ensemble évoquait une *Tentation de saint Antoine* dans laquelle la mercière aurait tenu le rôle du saint. Le restaurant du Carrefour étant fermé le dimanche, nous avons été déjeuner au *Germinal*, à la lisière du parc Emile Zola. Auparavant, j'avais entendu parler de ce parc par la marchande de journaux (la fille du mineur décoré), qui me l'avait décrit à la fois comme une illustration des efforts de la mairie pour prévenir ou différer la disparition de la ville, sa dégradation progressive en simple banlieue de Valenciennes, et comme une manifestation de son déclin, aussi bien parce qu'il s'étend, au moins en partie, sur des terrains laissés vacants par l'éradication de la sidérurgie, que dans la mesure où le vandalisme qui s'y donnerait libre cours eût été inconcevable du temps où Denain présentait encore le caractère d'une « ville ouvrière ». Après le déjeuner, avec C. qui semblait lui aussi très affecté par les stigmates de ce vandalisme (qui quant à moi me parurent assez bénins), nous avons marché à travers le parc jusqu'à l'écluse du canal à grand gabarit Dunkerque-Valenciennes – longeant en chemin le terrain d'entraînement du club canin, dont l'aspect militaire invitait à s'interroger de nouveau sur le statut du chien dans les guerres sociales de l'avenir –, puis vers la jonction de ce canal avec l'embranchement qui desservait autrefois le port de Denain. Depuis la pointe du confluent, on découvre tout l'espace qu'occupaient les installations d'Usinor, dont seuls subsistent deux ou trois grands hangars abritant par intermittence des PME. A la limite de ce terrain vague, où affleurent çà et là, comme des ruines aztèques, les soubassements de machines que l'on devine gigantesques, court un long mur de brique revêtu de cette inscription à la peinture blanche : « L'acier à Denain c'est la vie. » De l'autre côté du mur s'étend la cité du Nouveau Monde, dominée par le clocher décoiffé de l'église du Sacré-Cœur, et dans le lointain par la silhouette pyramidale du terril de la fosse Renard.

Au début de ma transhumance, au mois d'octobre, avant les premières pluies, du temps où les patates agonisaient encore sous l'étreinte de la terre durcie par la sécheresse, alors que, quant à moi, je m'étais installé pour quelques jours à Roubaix dans un hôtel donnant sur la station Eurotéléport de la ligne de tramway, au centre d'un réseau de transports en commun qui devait un peu plus tard défrayer la chronique par suite de la multiplication d'actes d'incivilité tels que crèvements d'yeux ou projections de cocktails Molotov, j'avais tiré parti de cette position pour emprunter le bus n° 29 à destination de Leers, un de mes points de passage préférés lorsque l'envie me reprend de traverser à pied la frontière belge. A Leers, déjà, on avait déplacé l'arrêt du bus en prévision de la ducasse. Au pied de l'église étaient installés des manèges dont le plus grand exhibait une fresque de Madonna bondissante, vêtue d'un body échancré. Bien que déserte – à l'exception d'une postière que j'interrogeai sur la direction du hameau de Gibraltar et qui fut incapable de me l'indiquer –, la rue principale baignait dans la musiquette d'NRJ ou de Chérie FM, et ainsi de suite. A la sortie de Leers je croisai une vieille qui me regarda d'un sale œil, probablement parce que je me dirigeais vers la campagne en tenue de ville, les mains dans les poches, sans rien donc qui permît de m'identifier comme un « marcheur », et que cette incongruité avait réveillé chez elle des craintes ataviques. Entre Leers et Gibraltar s'étend en effet de la campagne, très peu sans doute, mais tout de même aisément reconnaissable à ses bouquets d'arbres et à ses champs de betteraves. Sur la gauche de la route coule une rigole puante (dont l'odeur excrémentielle est incontestablement d'origine agricole) ; sur la droite, à quelque distance, on aperçoit une infime zone industrielle, ou peut-être même simplement l'esquisse d'une telle zone, un de ces nichoirs comme l'Etat ou les régions en disposent un peu partout dans l'espoir que les petites et moyennes entreprises viendront y pondre leurs œufs. A l'entrée du hameau la route forme un T, dont la branche de droite est désignée par une plaque émaillée comme la rue *de* Gibraltar droite, et celle de gauche comme la rue *du* Gibraltar gauche, quelle que soit la raison pour laquelle l'article défini s'est imposé d'un côté, tandis que l'autre devait se contenter d'une simple préposition. Mais la topographie de Gibraltar présente encore bien d'autres difficultés. Ainsi tout indique que le bord interne de la barre horizontale du T se situe en France et le bord externe en Belgique, la frontière suivant la ligne médiane qui divise en deux cette barre horizontale dans le sens de la longueur, c'est-à-dire aussi bien la ligne blanche, continue ou discontinue, peinte sur la chaussée. Tant la rue du Gibraltar gauche que celle de Gibraltar droite se situent donc *en même temps* en France et en Belgique, au moins pour commencer. Car tandis que la rue de Gibraltar droite, une fois sortie du hameau, persiste dans la même orientation, et continue selon toute apparence, au milieu des champs de betteraves et de pommes de terre, à suivre le tracé rectiligne de la frontière (ou plutôt à matérialiser cette dernière), la rue du Gibraltar gauche, de son côté, amorce bientôt une courbe prononcée qui progressivement lui imprime une trajectoire parallèle à la barre verticale du T, et l'amène ainsi à s'enfoncer en territoire belge avant même de quitter Gibraltar pour s'élancer dans la direction de Nechin. Dans la partie présumée belge de la rue du Gibraltar gauche – ou peut-être au point précis où elle franchit cette frontière que plus rien désormais ne matérialise – se situe l'unique débit de boisson de Gibraltar, *Le Pantin*, auquel sa position vaut d'être agréé aussi bien comme « agent hippique », côté français, que comme *turfkantoor*, côté belge (à moins que cette dichotomie ne présente aucun caractère international et reflète simplement le bilinguisme de la Belgique, auquel cas la qualité d'« agent hippique » n'ajouterait rien à celle de *turfkantoor*, et vice versa).

Le lundi 6 octobre, vers 10 heures 30 du matin, sous un soleil éclatant, les chiens étaient nombreux à aboyer dans les jardinets de Gibraltar, tandis que quelques tracteurs faisaient lever des tourbillons de poussière au-dessus des champs desséchés, et que deux flics français équipés de talkies-walkies, accoudés au comptoir du *Pantin* devant deux pintes de Leffe, échangeaient avec le personnel, au sujet de la fermeture à Vitrolles du café musical *Le Sous-Marin*, des plaisanteries racistes de faible intensité.

Plus tôt encore dans la saison, dans les tout derniers jours du mois de septembre ou les tout premiers du suivant, j'avais une première fois franchi à pied la frontière belge, sur le littoral de la mer du Nord, entre Leffrinckoucke et La Panne. J'avais attendu la marée basse – faute de quoi il m'aurait été impossible de suivre la mer tout du long – et, me déplaçant à bicyclette (moyen de locomotion dont je décidai de me passer par la suite, compte tenu du poids et de l'encombrement de ce sac de voyage auquel j'ai déjà fait allusion), je dus ici et là mettre pied à terre pour franchir de vastes et minces étendues d'eau, ou des zones où le sable, trop fluide ou trop mêlé de coquilles insuffisamment émiettées, n'offrait pas assez de résistance.

Le long du rivage couraient de hautes dunes plantées d'oyats et parsemées d'ouvrages défensifs datant de la Seconde Guerre mondiale, dont l'un au moins était de dimensions colossales. Dans les parages où devait passer la frontière, des chasseurs arpentaient le littoral en tirant de temps à autre des feux de salve. L'un d'eux ayant fauché la queue d'une pie, celle-ci, incapable de se maintenir en l'air, piqua vers le sol et se mit à courir sur la grève droit devant elle, avec la frénésie d'un jouet mécanique remonté à bloc. Mais si vite qu'elle courût cela n'empêcha pas quelques mouettes de lancer contre elle de brèves attaques destinées à tester ses défenses, tant cette espèce est prompte à diagnostiquer chez un être vivant (de n'importe quelle taille) les signes de sa transformation prochaine en viande froide. Au retour de La Panne, la mer étant revenue entre-temps, j'empruntai la route qui suit le littoral à quelque distance, et le long de laquelle se succèdent les cimetières militaires de plusieurs nationalités qui se sont étripées dans ces parages. Dans celui de Zuydcoote, parmi des tombes allemandes datant de la Première Guerre mondiale, uniformément surmontées d'une croix, je repérai une stèle arrondie gravée du nom d'Abraham Schlom, artilleur, tué le 27 octobre 1918, soit environ deux semaines avant la fin des combats. Bien que la présence en ces lieux d'un Abraham Schlom n'eût rien d'extraordinaire, comme je venais de terminer la lecture de *Jardins et routes*, dans lequel Ernst Jünger évoque si gracieusement la débâcle envisagée du point de vue de ceux qui avancent, je me demandai malgré tout quelles pouvaient être les réflexions d'un de ses pairs, en juin 1940, tombant dans un cimetière militaire allemand sur une sépulture juive.

Lorsque je la rencontrai pour la première fois sur une route de Lorraine, l'armée Rouge était loin de mes pensées : comme tout le monde, je la croyais même plus ou moins abolie, décimée, rayée de la carte, ruinée par le changement de régime et achevée par ses revers en Tchétchénie, réduite désormais à une immense cohorte de gueux aux pifs écarlates, toujours entre deux cuites, la chapka de travers, remorquant parmi les étendues glaciales de la Sibérie ou dans la boue des villes de vieilles casseroles brinquebalantes dont des pièces se détachaient à chaque secousse, et dans lesquelles il était impossible de reconnaître cette flamboyante quincaillerie qui avait frappé l'Occident de stupeur pendant près d'un demi-siècle. Le jour de cette rencontre, le mardi 14 octobre pour être précis, *Le Républicain lorrain* signalait la chute des premiers flocons de neige sur les Vosges. Le journal rapportait d'autre part deux cambriolages dans des restaurants Quick situés pour le premier à Frouard et pour l'autre à Moulins-lès-Metz. La nouvelle avait retenu mon attention, sans plus, parce qu'à la longue, à force de traîner dans des lieux où il n'y a rien à voir, j'étais devenu presque un habitué de ces établissements qui se signalent de loin, à la nuit tombée, par le scintillement rouge et blanc d'une majuscule incongrue : je trimballais même dans mon sac une liasse de plus en plus épaisse d'offres de *deux* Triple Swiss pour le prix d'un seul, offre qui impliquait nécessairement la consommation simultanée, ou immédiatement consécutive, des deux articles, et que le défaut de partenaire ou l'insuffisance de mon appétit ne m'avaient pas permis jusqu'à présent d'honorer. Ce jour-là, donc, venant de Longwy-bas, je marchais dans une rue toute en longueur d'Herserange lorsque, sur un mur où plusieurs avaient été collées côte à côte, je découvris pour la première fois une affiche invitant à un récital des Chœurs de l'armée Rouge sous la direction d'Alexandre Poustovalov. Inévitablement, l'affiche, de qualité médiocre, représentait quelques Popov coiffés de hautes casquettes plates – dont la forme évoquait lointainement celle d'une toque de pâtissier –, les traits dilatés par l'ivresse du chant. Celui au premier plan devait être le Poustovalov. Par la suite, en tout lieu où je mettais les pieds en Lorraine l'armée Rouge était annoncée de la même façon, par voie d'affiches, et toujours avec quelques jours de retard sur ma propre progression. Je ne lui échappai définitivement qu'en vue de Nancy, n'ayant jamais opéré ma jonction avec elle, même si, bien loin de la fuir, j'avais été plusieurs fois à deux doigts de retarder mon départ d'Hagondange ou de tel autre lieu de villégiature à seule fin d'assister à l'un de ses concerts. Non que je fusse particulièrement désireux d'entendre la musique dont mes enfantines oreilles avaient été rebattues (et dont certains airs me sont encore si familiers que je pourrais les reprendre au refrain, l'un ou l'autre excitant même chez moi une nostalgie d'autant plus irritante que je ne parviens pas à identifier précisément son objet), mais parce qu'il me tardait de voir confrontés, dans un petit théâtre de province, sur la scène les choristes de l'armée Rouge, jadis l'un des meilleurs instruments de propagande d'une puissance aujourd'hui déchue et d'une idéologie en faillite, et dans la salle un public vraisemblablement clairsemé, vieillissant, composé de gens également endeuillés par la perte de l'une et de l'autre.

A Longwy je m'étais établi à l'hôtel du Nord dans une chambre donnant sur la place Darche. Le spectacle de cette place exerce sur moi une influence lénifiante comparable à celle de la mer, due sans doute au vide qu'elle ménage et à la régularité de ses dispositions, mais aussi au léger déséquilibre qu'introduit dans son ordonnance classique et militaire (vaubanesque) l'inclinaison presque imperceptible du sol, comme si l'ensemble, soulevé par quelque poussée tectonique, était sur le point de chavirer. Le soir, je côtoie dans la salle à manger de l'hôtel du Nord quatre techniciens coréens qui, même à l'heure du dîner, portent des survêtements et le cas échéant des casquettes aux armes de leur entreprise, Daewoo.

Au début des années 70, la sidérurgie employait dans la région de Longwy plus de 30 000 personnes. Aujourd'hui, cette activité représente localement un peu moins de 1 000 emplois, dont plusieurs centaines seront supprimés cette année. Longwy a perdu près de la moitié de sa population dans l'affaire, dont le « traitement social », de l'avis général, a été exceptionnellement généreux et donc aussi très coûteux. Le plus beau fleuron du dispositif mis en place afin d'éviter le naufrage (ou l'explosion) de la région, le Pôle européen de développement, a permis d'y créer en douze ans quelque 2 500 emplois, notamment grâce à l'implantation d'entreprises asiatiques. Pour les attirer ou les retenir, les Lorrains ont dû se plier à des règles déconcertantes. Aujourd'hui, plusieurs de ces entreprises ont déjà périclité : JVC en 1997, Panasonic en mars de l'année suivante. Reste Daewoo, qui s'est installé en 1989 à Villers-la-Montagne

(300 emplois), un peu plus tard à Mont-Saint-Martin (600 emplois). En octobre 1997, attablé dans un restaurant coréen des confins de Longwy-haut et de Mont-Saint-Martin, je consulte le numéro daté du mois d'août, et mis gracieusement à la disposition de la clientèle, de la revue du conseil général de Lorraine : « Daewoo à Thionville et Verdun après Fameck, Villers-la-Montagne, Mont-Saint-Martin et Metz. Désormais, le cœur de production du géant coréen se trouve en Lorraine avec déjà 2 000 emplois et bientôt 3 000 ! » Six mois plus tard, l'effondrement de la monnaie coréenne non seulement réduit à néant les projets de développement de Daewoo en Lorraine, mais menace les sites existants. Les commentateurs spécialisés – dont aucun, à ma connaissance, ne nourrissait la veille le moindre soupçon à l'égard de cette économie, au contraire citée partout en exemple – nous expliquent que l'économie coréenne, cela va de soi, souffre de n'être pas *assez* libérale. Quant aux ressortissants du Pôle européen de développement, on se demande comment le conseil général – qui n'en peut mais – leur présentera ces développements imprévus dans le prochain numéro de sa revue.

Des deux cafés qui ont ma préférence dans le voisinage de l'hôtel du Nord, le premier, *Le Café-Crème*, ménage des vues agréables sur la place Darche. *Le Café-Crème* étant situé à proximité de la *Maison de la Presse*, c'est là que je m'installe pour lire le premier de mes deux journaux quotidiens. (Ce matin, mercredi 15 octobre, *Le Républicain lorrain* rapporte comment « le conducteur d'un train reliant Marseille à Quimper, qui était ivre, a oublié de s'arrêter en gare de Rochefort ». Le journal précise que le contrôleur était également ivre, et qu'il a fallu plusieurs heures, une fois le train stoppé dans sa course éthylique et ramené en gare de Rochefort, pour convaincre les deux ivrognes de mettre pied à terre.) A une table voisine vient s'installer un groupe composé d'un aveugle d'une trentaine d'années – dont tout indique que sa cécité est récente, et probablement consécutive à un accident –, de deux de ses amis, d'un labrador noir et du dresseur de ce dernier. Le dresseur, dépêché par un établissement spécialisé, est venu de loin pour initier l'aveugle au maniement du chien. Tout le monde s'efforce maladroitement de contrefaire l'insouciance, la gaieté – comme si le fait de prendre livraison du chien sans lequel il ne pourra désormais faire un pas devait constituer pour l'aveugle une circonstance normale et peut-être même attrayante de la vie – et il est douloureux de constater à quel point cette convention, inconfortable pour les trois autres, est étouffante pour l'aveugle.

Après *Le Café-Crème*, je me rends pour la lecture du second journal au *Cristal*, dont la serveuse est non seulement jolie, détail qui à lui seul pourrait justifier mon assiduité, mais d'une amabilité désarmante, comme la plupart des gens que j'aurai rencontrés à Longwy. Dans la matinée, avant que ne déferlent sur le *Cristal* les élèves du lycée professionnel de la place Darche (dont le coffre-fort de 120 kilos, contenant 36 000 francs, sera dans vingt-quatre heures escamoté par le fameux « gang des coffres-forts » qui a déjà sévi au Crédit Mutuel de Distroff et à la poste de Tucquegnieux), un habitué répondant au nom étrange de Lamor s'entretient avec la serveuse. Il s'efforce de lui faire admettre que le premier homme était arabe. La serveuse lui oppose un film qu'elle a vu « à la télé », et dans lequel « ils disaient que le premier homme était noir ». « Mais la race n'a pas d'importance, rétorque Lamor sans se démonter : noir ou blanc, c'était quand même un Arabe. »

Dans la vallée de la Fensch – dont le nom sonnait autrefois à nos oreilles comme celui d'une sorte de Terre promise, car dans cette Géhenne où coulaient des fleuves de fonte et des rivières d'acier devait aussi se forger l'homme nouveau –, dans la vallée de la Fensch je tombai enfin sur une usine sidérurgique en activité, avec toutes ses dents. Elle se dressait aux confins de Nilvange et d'Hayange, ses hautes cheminées fumant d'un feu d'enfer et des vapeurs brûlantes fusant de toutes ses jointures. A ses pieds s'étiraient de longues files de wagons plats. Afin de mieux jouir de cette vision d'un autre âge, je me hissai jusque sur les hauteurs du Faubourg Sainte-Berthe, dont les petites maisons et les jardinets se pressent en contrebas de l'autoroute A 30, un peu comme de menus déchets que des automobilistes négligents auraient balancés par la vitre au passage. J'y trouvai une table d'orientation, sur laquelle le mince ruban bleu de la Fensch n'apparaissait que de loin en loin, occulté sur la plus grande partie de son cours par les masses sombres des usines attachées les unes aux autres comme des saucisses, et dont la plupart avaient cessé toute activité depuis longtemps. D'ailleurs juste à côté de l'usine en fonctionnement, des engins à chenilles achevaient d'en débiter plusieurs autres, refroidies, dont les ateliers s'abattaient sous leurs coups par pans entiers. Sur le versant opposé de la vallée, on voyait à perte de vue s'élever des faubourgs aux maisons rigoureusement identiques, et dans le lointain, érigée au sommet d'une colline boisée, une statue géante de la Vierge attestait que tout cela, tout ce qui s'étendait à ses pieds, était absolument conforme au dessein de Dieu pour le monde.

Plus tard j'entrai dans l'usine, non par ruse, encore moins par effraction, mais profitant de ce qu'elle était ce jour-là accessible au public. A la gare d'Hayange, j'empruntai une navette qui me déposa devant l'entrée, où d'autres visiteurs, presque tous âgés, certains accompagnés de leurs petits-enfants qui sans doute auraient préféré se rendre au zoo, défilaient un à un devant un comptoir. On leur y délivrait un casque de chantier et des bouchons antibruit qu'un contremaître les invitait à se fourrer dans les oreilles. Je mis le casque sur ma tête, bien qu'à mon avis il me rendît ridicule – mais il eût été déplacé de me distinguer en ne le mettant pas, et plus généralement de faire le malin devant les autres visiteurs qui se pliaient sans renâcler à toutes les exigences de l'encadrement, et dont la plupart étaient évidemment d'anciens employés de l'entreprise – ; en revanche, estimant que le port des bouchons insonorisants relevait quant à lui d'une appréciation personnelle, je les mis dans ma poche (ce que de toute manière je n'aurais pas pu faire avec le casque). Puis les visiteurs se répandirent dans l'usine par groupes, suivant un itinéraire balisé, s'arrêtant tout d'abord devant les fours à longerons mobiles dans lesquels étaient réchauffés les *blooms* – les lingots d'acier – en provenance d'une autre usine du même groupe, ensuite devant les cages où le métal incandescent recevait par étapes sa forme définitive. Si l'homme intervenait toujours dans ce processus ce n'était plus qu'à distance, derrière les vitres teintées de cabines où miroitaient des écrans de contrôle, et en trop petit nombre, assurément, pour que l'humanité pût encore s'en remettre à cet échantillon du soin de l'arracher à sa préhistoire. A la sortie de l'usine une tente avait été dressée où l'on pouvait déposer son casque, boire un gobelet de boisson non alcoolisée offert par la direction de l'entreprise, et recevoir des mains d'une jeune fille souriante une brochure en quadrichromie décrivant tout ce qui précède avec des explications détaillées.

Par la suite je me frottai encore à deux ou trois reprises, ici et là, à ce qui persistait de la sidérurgie. Non seulement les usines – de plus en plus clairsemées et de plus en plus économes de main-d'œuvre – mais aussi tout ce qui avait essaimé autour d'elles, et qui était de la même façon voué à disparaître. Ainsi les tours de Cormontaigne, à la périphérie de Thionville. Il n'y a rien en ville qui se voie d'aussi loin, si ce n'est les panaches de fumée blanche couronnant jour et nuit les quatre tours de refroidissement de la centrale de Cattenom, de ces énormes panaches dont les boursouflures dramatiques, bien qu'elles améliorent beaucoup les paysages au-dessus desquels elles se déploient, contribuent à entretenir une certaine confusion entre les dangers du nucléaire civil et ceux d'une bombe atomique. La première fois que je vis les tours de Cormontaigne il était assez tard dans la nuit et je me trouvais sur le pont qui après avoir franchi la Moselle, noire et luisante, couverte de cygnes, passe au-dessus des voies de la gare de Thionville. Il y a peu de choses aussi belles qu'une gare la nuit, vue de haut, si ce n'est peut-être un port dans les mêmes circonstances. Certaines parties du paysage sont baignées par l'éclairage au sodium d'une lumière orange, d'autres restent plongées dans l'obscurité, mais une obscurité jamais complète, où l'acier poli des rails réfléchit l'éclat fixe, ou intermittent, des signaux lumineux éparpillés, aux délicates nuances de poissons tropicaux ou de fleurs de serre. Des wagons dételés ou formés en convoi s'ébrouent et se tamponnent, glissent le long de plans inclinés sans effort, sans aucune intervention humaine perceptible, comme si pendant la nuit ils étaient animés d'une vie propre. Et les locomotives aux longs capots inclinés et symétriques, caractéristiques du réseau de l'Est et connues localement sous le nom de crocodiles, s'accouplent en crépitant avec les fils électriques par le truchement de leurs pantographes érectiles. Sur la droite et en contrebas du pont, dans la direction de la gare, un bâtiment désaffecté abrite les souvenirs de ce qui dut être un bordel, ou quelque chose d'assez proche. Enfin dans le lointain, au-delà du bras rectifié de la Moselle qu'enjambe un pont fortifié, sur la droite du rond-point qui fait face aux ténèbres, les tours de Cormontaigne dressent leur masse aveugle, silencieuse, percée d'ouvertures béantes que dans l'obscurité on pourrait croire taillées par des obus de char. Le lendemain matin, je lis dans le journal que les tours de Cormontaigne, bâties dans les années 60 afin d'abriter les célibataires, pour la plupart étrangers, que la sidérurgie recrutait alors en grand nombre, vont être détruites afin de faire place à « la grande salle polyvalente dont la ville a bien besoin ». (Toutes les villes ont le plus grand besoin de salles polyvalentes. Aucune ville n'a besoin de tours abandonnées, menaçant ruine et livrées aux squatters.) De nouveau je passe le pont, les cygnes de la Moselle et les panaches de Cattenom, le boxon fantôme qui à la lumière du jour a perdu beaucoup de son prestige, les voies ferrées parmi lesquelles locomotives et wagons sont retombés sous la domination routinière des hommes. De plus près, ces ouvertures béantes (que dans l'obscurité on pouvait imputer à des tirs de char) exposent à la lumière des intérieurs dévastés, couverts de graffitis dans le genre de celui-ci : « Vive le Sex. » Le sol est jonché de gravats, de verre brisé et de déchets témoignant d'une présence humaine sporadique. Au-delà d'une levée de terre plantée d'arbres s'étend le territoire aseptisé d'un « technopôle » où se côtoient des locaux universitaires et quelques microscopiques entreprises à forte valeur ajoutée. Au pied des tours stationnent plusieurs véhicules de police, des flics en tenue vont et viennent, s'entretiennent avec des squatters dont certains sont accompagnés de chiens. Au milieu des flics se distingue par son air de commandement un type jeune, porteur de lunettes, vêtu d'une veste de cuir, que je prends pour un inspecteur et qui se révèle être le responsable des services techniques de la ville. Pendant que nous discutons, lui et moi, un flic, sur le point de s'engager clope au bec dans l'escalier de la tour la plus proche, se fait rappeler à l'ordre par un squatter qui le met en garde contre les risques d'explosion dus au gaz. Arrive une camionnette grise, apparemment un corbillard à l'usage des défunts qui n'ont pas les moyens de s'offrir une entreprise régulière de pompes funèbres. Puis une petite dame pressée, sans doute contrariée d'être dérangée pendant le week-end, passe en serrant sous son bras une mallette que l'on devine bourrée d'instruments de précision : c'est le médecin légiste. La présence de ce dernier (de cette dernière) confirme qu'il y a eu mort d'homme et, en effet, après quelques minutes, on voit sortir de la tour une table roulante qu'escorte en trottinant le médecin légiste, et sur laquelle est étendu un cadavre emballé des pieds à la tête dans une couverture sale. Après que le corps a été chargé dans la camionnette grise chacun rentre chez soi, à l'exception de quelques squatters qui restent sur le parvis à fumer des clopes, et du chef des services de la mairie qui, dans sa veste de cuir, continue à m'entretenir avec brio de l'incurie de son prédécesseur communiste.

Dans la soirée, pour ce qui me concerne, j'ai été au cinéma *Scala*, place du Marché, voir le dernier film de Chabrol, puis, comme il m'y avait invité, je suis passé boire un verre chez le responsable des services techniques de la ville. Il y avait là, outre le responsable et sa femme, un architecte célibataire, ou du moins non accompagné, un cadre d'une entreprise de traitement des déchets domestiques et sa femme qui devait enseigner le droit à Nancy. Apparemment, ils étaient de droite, puisque notre hôte était affilié au RPR, mais cela ne faisait pas de différence. S'ils avaient été de gauche, ils auraient eu les mêmes lectures, les mêmes intérêts, les mêmes activités professionnelles et les mêmes amis, ils auraient pratiqué les mêmes sports, porté les mêmes vêtements, usé des mêmes tournures, il se seraient adonnés aux mêmes adultères ou auraient eu le même désir de s'y adonner. Sur les cinq, il y en avait même au moins deux qui fumaient des pétards, ce qui a beaucoup altéré l'image que je me faisais jusque-là des militants du RPR ou de leur entourage.

Lorsque j'atteignis Hagondange, je l'ai dit, on y attendait l'armée Rouge, et un peu partout la tronche épanouie de Poustovalov souriait sous l'auréole de sa large casquette plate. Mais l'armée Rouge était bien la seule chose que l'on attendît encore à Hagondange. Quant à moi, on ne m'y attendait plus depuis longtemps. L'hôtel lui-même était exempt de toute présence humaine, et pour y pénétrer je dus composer un code que l'on m'avait communiqué la veille par téléphone. La clef était posée sur le comptoir, et, dans cet hôtel vide, la chambre qu'elle ouvrait, située au rez-de-chaussée, donnait sur le monde extérieur par une porte-fenêtre vitrée jusqu'au niveau du sol. Juste en face s'étendait une cité déjà ancienne, dont le style évoquait celui des célèbres logements ouvriers viennois du Karl-Marx Hof, mais en beaucoup plus petit. Au premier plan la structure de béton d'une construction inachevée exhibait de nombreux graffitis invitant à niquer la police, la France, ma mère et tout ce qui s'ensuit. A la tombée de la nuit les habitants de la cité, ou certains d'entre eux, promenaient des chiens de différents calibres illustrant la diversité de leurs coutumes et de leurs aspirations : des chiens qui se ressemblaient si peu, entre le molosse sans regard, à la tête en visière de heaume, et le simple roquet polychrome, qu'il était difficile de voir en eux les rameaux, certes trafiqués et dégénérés, d'une même souche. Compte tenu de la précarité, militairement s'entend, de ma position, afin de ne pas laisser ma chambre sans surveillance j'avais renoncé à dîner, présumant d'ailleurs qu'il ne se trouverait pas de restaurant ouvert, un dimanche soir, à Hagondange. Mais la faim eut raison de ces résolutions, et vers 9 heures du soir, à rebours du parcours effectué dans l'après-midi, je marchai de l'hôtel vers la gare, suivant en chemin l'étang aménagé dans les excavations d'une ballastière. Je croisai encore quelques hommes et un peu plus de chiens. Je laissai sur ma gauche le centre culturel Louis Aragon, j'empruntai le tunnel piétonnier qui passe sous les voies (à l'entrée du tunnel un panneau signalait qu'il était « placé sous surveillance vidéo », comme si la SNCF avait les moyens de payer quelqu'un à regarder toute la nuit un écran vide, à moins que ne s'y profile de loin en loin la silhouette furtive de quelque compisseur d'encoignures ou, plus rarement encore, que ne s'y déroule en direct un crime dont le préposé n'aurait aucune envie de se mêler) et je me retrouvai devant la gare dans un restaurant alsacien où le patron m'accueillit comme s'il me connaissait depuis toujours. Au-dessus du comptoir, une affiche rappelait l'existence d' « Usinor, les aciers du troisième millénaire ».

Le lendemain matin je sortis d'Hagondange en suivant la route départementale 112 dans la direction du parc de loisirs Walibi-Schtroumpf. La route longeait une cité. En face s'étendait une steppe arbustive assez semblable à l'idée que je me fais de l'habitat du tigre de Sibérie, et d'où provenaient de temps à autre des détonations d'armes à feu. En lisière de la cité, un type retouchait au pistolet une vieille Renault entièrement recouverte de journaux à l'exception du champ opératoire, soigneusement découpé, sur lequel il appliquait le jet de peinture blanche. Puis la route, qui semblait vouloir se perdre au loin dans les bois, laissait sur la gauche une très longue usine aux parois aveugles, de couleur brun-rouge, d'où émanait un ronflement continu de moteur, comme le bruit amplifié d'un tube de néon défectueux. Sur un mur, un vieux badigeonnage appelait à se rendre « Tous à Paris », sans précision de date. A l'extrémité de l'usine, la route, bordée sur la droite par un bois, ménageait sur la gauche une échancrure de terre battue à usage de parking où stationnait une voiture occupée par deux types, inévitablement suspects compte tenu de leur immobilité vigilante et de l'isolement du lieu. Mais peut-être s'accordaient-ils seulement une pause après une longue route. Au-delà, des panneaux signalaient l'imminence de l'accès réservé aux livraisons du parc Walibi-Schtroumpf, et sur un terrain vague étaient éparpillées par dizaines des caravanes de nomades comme il s'en rencontre beaucoup parmi les friches industrielles de Lorraine.

C'est la nuit. Il y a une Porsche noire garée en double file devant l'entrée de l'hôtel Providence. Dans huit jours, une explosion de violence aux causes mal établies (ou peut-être sans cause) laissera sur la grand-place, à cent cinquante mètres de là, un nombre indéterminé de devantures brisées et de voitures calcinées. C'est la nuit, et la place promise à l'émeute est pour l'heure absolument déserte, tapie dans l'ombre, assise sur les piliers de ces galeries couvertes qui lui donnent de faux airs de bastide. Encore un pont sur la Moselle, car la ville s'étend des deux côtés de la rivière noire aux nombreux bras morts, enserrant des îles sur lesquelles les vaches paissent dans les prairies humides, au pied des arbres. A gauche, en contrebas du pont, se trouve le marché couvert, dont les travaux de rénovation ont été interrompus ce matin après la découverte d'une grenade américaine datant de la Seconde Guerre mondiale. Le pont lui-même a été détruit en 1944 et relevé en 1949, l'année de ma naissance. Ce n'est pas tous les jours, ni même toutes les nuits, que l'on a l'occasion de marcher sur un pont qui a exactement le même âge que vous. Sur l'autre rive se dressent les deux tours de l'abbaye, éclairées par des projecteurs si crûment que cela blesse la vue de les regarder. Cet après-midi, dans l'église désacralisée de l'abbaye, une centaine de candidats se soumettaient aux épreuves écrites d'un « examen d'attestation de capacité à l'exercice des professions de commissionnaires de transports ». Affiché à l'extérieur de l'église, le règlement rappelait qu'il était « interdit de fumer dans la salle », et que « les sorties (ne pouvaient) avoir pour objet de fumer dans les couloirs ». La durée de l'épreuve était de quatre heures. Rien qu'à lire cet extrait du règlement, il m'est venu aussitôt l'envie de fumer, et comme je n'étais pas candidat pour un poste de commissionnaire de transports, je suis sorti sur la terrasse au bord de la Moselle, et là, sous les tilleuls, je me suis assis sur un banc et j'ai allumé une cigarette, à laquelle j'ai pris un plaisir décuplé par la présence toute proche de tant de malheureux empêchés si longuement de s'y adonner. Le soleil se couchait sur l'autre bord, la rivière sentait la vase, et entre les tours de l'abbaye, des choucas s'affairaient comme d'énormes et caquetantes araignées occupées à tisser une invisible toile.

De retour à l'hôtel, après avoir constaté que la Porsche noire avait disparu, je suis tombé sur le patron, ou le gérant, qui occupe au premier étage une pièce évoquant une loge de concierge. Allongé sur un canapé d'où il suivait attentivement les péripéties télévisées d'un match de football opposant le Paris-Saint-Germain à une équipe dont le nom m'échappe, peut-être Metz, le gérant me voyant passer me lança de son canapé un « Oh là là ! Qu'est-ce qu'ils prennent ! », d'où je conclus qu'il ne pouvait s'agir que de l'équipe parisienne et qu'il ne m'avait fait part de sa défaite, ou plutôt de sa déroute (quatre à un) que dans la conviction d'avoir affaire à un ressortissant de la capitale, auquel cette nouvelle ne pouvait manquer d'arracher un cri de désespoir, ou du moins un « Oh là là ! » qui fît écho au sien, mais cette satisfaction ne lui fut pas accordée. Tandis que le gérant jouissait effrontément, sur son canapé, des derniers soubresauts de cette déroute historique du Paris-Saint-Germain, je rentrai dans ma chambre et défis le couvre-lit troué en deux endroits par des brûlures de cigarette. Au pied du lit traînaient trois exemplaires récents de *Gala*, *France-Dimanche* et *Maxi*. Combinés, ces éléments permettaient de reconstituer sans grand risque de se tromper la scène suivante : mon prédécesseur, un type en déplacement professionnel, rentrant fatigué de son travail, après avoir pissé dans le lavabo comme font les hommes seuls dans les chambres d'hôtel bon marché, s'était étendu sur le lit sans le découvrir, puis, ayant allumé une cigarette, il s'était saisi de l'exemplaire de *Gala*. Bientôt, son intérêt pour les dernières frasques (pourtant hautes en couleur) de la princesse Stéphanie ou de Vanessa Demouy ayant été vaincu par le sommeil, le journal lui avait échappé tandis que son menton s'enfonçait irrésistiblement dans sa poitrine et que sa main droite, le mégot coincé entre le majeur et l'index, retombait sur le couvre-lit. Réveillé en sursaut par l'odeur de brûlé, le type avait dû proférer quelques jurons, ramasser prestement le mégot incandescent pour l'écraser dans le cendrier Ricard, puis tapoter les abords du trou afin de limiter autant que possible les conséquences du sinistre. Après quoi il s'était levé pour se laver les dents, et, de retour sur le lit, il avait allumé une nouvelle cigarette en s'emparant de *France-Dimanche* avec l'espoir que la maladie secrète de Michel Drucker le tiendrait éveillé plus longuement – ou, au contraire, l'endormirait plus vite et plus profondément – que les frasques de Vanessa Demouy. Et ainsi de suite. Toujours est-il qu'il y avait désormais deux trous dans le couvre-lit, et par terre trois journaux aux séductions desquels j'aurais pu craindre de succomber à mon tour si je n'avais été en train de lire la *Saga moscovite* d'Axionov, dont les péripéties, même en fin de journée, même pour un esprit aussi paresseux que le mien en ce mois d'octobre 1997, offraient tout de même des ressources infiniment plus variées, et accessibles sans beaucoup plus d'efforts. La chambre, lorsque j'y étais rentré ce soir-là, était si cruellement empuantie par les remugles de la tuyauterie que j'avais dû me résoudre, malgré le froid, à dormir la fenêtre grande ouverte. Et par une curieuse analogie, le passage que je venais d'atteindre dans la lecture d'Axionov, l'un des plus beaux du livre, rapportait comment le maréchal Staline, après quinze jours d'une crise de constipation véritablement titanesque, s'étant soumis aux habiles palpations du professeur Gradov se vide en un seul coup de toute la merde accumulée pendant ces deux semaines.

Le lendemain matin, jeudi 23 octobre, *Le Républicain lorrain* avait retrouvé les traces du « gang des coffres-forts » que nous avions perdu de vue à Longwy. Entre-temps, il avait frappé de nouveau, avec succès, au bureau de poste de Pulnoy – dont le coffre avait été retrouvé vide au bord d'un chemin à Corville –, mais la veille il avait été surpris par la police et mis en fuite lors d'une visite nocturne de l'agence du Crédit Mutuel à Folschviller. Le journal signalait d'autre part que des ouvriers – ou des « opérateurs », comme on dit maintenant – du train à fil d'Herserange avaient bloqué pendant toute la matinée du 22 la gare de Longwy. Cette nouvelle, comme auparavant celles du casse au lycée professionnel de Longwy ou des assauts d'incivilité contre les transports en commun de Roubaix, et comme bientôt celles des dévastations de la place Duroc à Pont-à-Mousson, tendait à confirmer que l'actualité, tout en me suivant à la trace, m'évitait, les événements susceptibles d'être rapportés dans la presse, pour ne rien dire de ceux qui avaient une chance d'entrer dans l'histoire, ne survenant, dans les lieux mêmes que j'avais fréquentés, que quelques jours ou quelques semaines après mon propre passage.

La dernière image que j'emportai de Pont-à-Mousson fut celle d'un type assis sur un banc de la gare, attendant comme moi le train de Metz et plongé dans la lecture de Husserl (peut-être était-ce le même type qui, dans le secret de sa chambre d'hôtel, dévorait *France-Dimanche* et *Gala* avec une telle ferveur qu'il en faisait des trous dans le couvre-lit). Auparavant, sur le mur d'une usine, j'avais relevé ce graffiti : « Celia, Inès, Carlos, Irun », qui associait assez poétiquement trois prénoms de consonance ibérique et le nom d'une ville de la même sphère. Quelques semaines plus tard, peut-être à cause de ce graffiti, au moins pour une part, j'avais redéployé tout mon dispositif afin de franchir les Pyrénées et de pénétrer en Espagne, mais le demi-échec essuyé devant Tarbes me conduisit à différer ce projet et à me replier momentanément vers le Nord.

Le 3 décembre, j'entrai dans Clermont-Ferrand à la faveur de la nuit.

C'est au cours de cette étape que ma démarche m'est apparue tardivement, mais alors avec une extrême netteté, comme l'exact opposé de ces voyages réputés formateurs que l'on entreprend quand on est en âge de progresser : en somme un voyage à rebours, un voyage de dé-formation.

A Clermont, j'ai débarqué presque sans crier gare chez un couple que je connaissais si peu que pendant toute la durée de mon séjour, heureusement bref, c'est en vain que je me suis efforcé de retrouver le prénom du type. D'ailleurs il est en voyage, et il ne rentrera qu'après mon départ. Quant à son amie, elle est presque toujours absente de la maison, au point qu'il m'arrive d'éprouver le sentiment assez vertigineux d'y être chez moi, mais contre mon gré, entouré d'objets qui seraient les miens sans que je les aie choisis et sans que j'en aie l'usage : ainsi, que ferais-je d'une batterie ? Du moins cette machine, comme d'autres éléments du décor – les disques, les livres de la bibliothèque (dont un des miens, dédicacé, que manifestement on n'a jamais ouvert), les ustensiles de cuisine et les pots d'épices, les photos, les reproductions et les œuvres originales affichées sur les murs –, me permet-elle de pallier les défaillances de ma mémoire et de me faire une idée des goûts et des occupations de mes hôtes. Je les ai rencontrés l'un et l'autre il y a un an, presque jour pour jour, à l'occasion du salon du livre de Blanzat. Peu de gens connaissent le salon du livre de Blanzat, et c'est peut-être ce qui rend cette manifestation plutôt plus sympathique que beaucoup d'autres du même genre : au moins, on ne s'y goberge pas. Le hasard m'avait placé à la même table qu'un ancien ministre qui fumait le cigare. Bien qu'il ne fût pas en exercice, il était protégé par des policiers en civil, et c'était également le cas d'un journaliste parisien auquel ses démêlés avec les nationalistes corses avaient attiré des menaces de mort. Deux personnalités protégées par des policiers en civil, c'était déjà beaucoup pour un événement aussi modeste malgré tout que le salon du livre de Blanzat. Mais il y avait encore parmi les invités un terroriste corse plus ou moins repenti, ou laissé sur la touche, dont la démarche claudicante semblait indiquer qu'il avait déjà pris du plomb, et qui avait tiré parti de son congé maladie pour signer un de ces ouvrages apocryphes qui à défaut d'être lisibles peuvent toujours donner matière à de vains débats. Or un tel débat devait avoir lieu le soir même, et c'était la raison de la présence à Blanzat du journaliste parisien victime de menaces de mort. De son côté, le Corse était évidemment flanqué de gardes du corps, soit qu'il en eût réellement besoin (comme pouvait l'attester sa démarche claudicante), soit qu'il estimât leur présence nécessaire à la promotion de son ouvrage. Ainsi l'espace limité dévolu au salon – de la taille à peu près d'une salle de sports dans un établissement moyen d'enseignement secondaire – accueillait-il au moins six hommes armés, ce qui ménageait des opportunités de carnage telles qu'il ne s'en rencontre que très rarement dans des manifestations littéraires.

La maison est située à l'intersection de deux rues : plus précisément, elle s'inscrit dans l'angle aigu formé par cette intersection. L'une de ces rues, venant de Clermont – car la maison se trouve à Montferrand –, se jette un peu plus loin dans le périphérique, à hauteur d'un hôtel Ibis et d'un magasin Jardiland. L'autre rue est comme un bras mort d'une rivière, retranchée, déconnectée du réseau archaïque, peut-être villageois, qu'a morcelé le tracé de nouvelles voies larges et rapides. L'immeuble était auparavant le siège d'une entreprise de serrurerie dont le nom, amputé d'une lettre, s'étale encore sur la façade. Le rez-de-chaussée est occupé par une clinique vétérinaire. Au pied de l'immeuble, en regardant vers le périphérique, s'allonge entre deux murs de pierre un terrain rectangulaire envahi d'herbe jaunie et raidie par le gel, jouxtant un autre terrain dont les dispositions sont à peu près semblables mais qui présente des signes d'une activité horticole sporadique, tels que choux montés en graine ou plants de laitue. L'ensemble – le jardin abandonné et celui en voie de l'être – attire énormément de merles et d'autres petits passereaux de sensibilité romantique, amateurs de friches, de vieux murs et de terrains vagues. Sur le sol en linoléum de la pièce principale – celle de la batterie, des livres et de la musique – gisent les éléments épars d'un arbre de papier qui doit être érigé au milieu du salon du livre de Blanzat. Tard dans la nuit, j'entends rentrer D. – mon hôtesse –, puis tôt le lendemain matin il vient du monde, on s'agite dans la pièce principale, et lorsque je me lève D. est repartie et toute trace de l'arbre a disparu. Seul dans l'appartement, je me hasarde en dehors de ma chambre, je traverse la grande pièce où pousse un palmier en pot, je remarque sur le mur de l'escalier menant au rez-de-chaussée, à côté d'une affiche à dominante grise de Bram Van Velde et d'une toile, à mon avis de bonne qualité, peinte par D. avant qu'elle ne renonce à la peinture pour devenir plasticienne, toute une série de petites photographies en noir et blanc illustrant différentes phases d'une corrida. Bien que D. soit une personne très douce, à la voix si ténue qu'il m'arrive, même en prêtant l'oreille, de ne pas entendre ce qu'elle dit, particulièrement lorsque la conversation se déroule dans une automobile en mouvement, j'ai déjà observé qu'elle avait beaucoup de goût pour les choses sanglantes, ou du moins pour certaines. (Ainsi ce triptyque, également accroché dans la pièce principale, dont le premier volet représente une main aux doigts sectionnés au niveau de la première phalange par une paire de ciseaux, tandis que dans une sorte de reliquaire placé en contrebas s'accumulent les produits de cette cueillette, comme autant de petites bites ratatinées, sanguinolentes et flétries.) Quant aux photographies, si elles avaient été de Kertesz, par exemple, je ne les aurais sans doute pas regardées. Ce qui, de loin, m'a attiré, c'est ce côté mal fait par lequel une photographie d'amateur, à la différence d'une photographie de professionnel ou d'artiste, peut donner l'impression d'avoir été prise à votre intention particulière plutôt que pour l'humanité tout entière, ce côté mal fait qui rend si attrayante la consultation des albums de photos de famille, même et peut-être surtout lorsque les personnes représentées vous sont absolument étrangères et les prises de vue dépourvues de toute qualité. Ce n'est d'ailleurs pas le cas, à proprement parler, de celles-ci, qui traduisent une certaine maîtrise technique, atténuée par le fait qu'elles ne semblent pas avoir été prises pour elles-mêmes, mais plutôt comme support d'un travail non photographique à venir. La première montre un picador attendant la charge du taureau. La photo est prise d'un point assez élevé des gradins, et ce que l'on remarque surtout, plus que le groupe conventionnel formé par le taureau, la lance, le picador et son cheval, ou même l'ombre démesurée projetée par ce groupe, ce sont les traces énigmatiques, comme des gravures rupestres, dont le sable de l'arène est scarifié.

Puis je passe dans la cuisine où, bien que tout soit en ordre – mais dans la cuisine de gens normaux, et non d'obsessionnels ou de phobiques, il traîne presque toujours quelques reliefs du dernier repas que l'on peut aussi envisager comme des signes avant-coureurs du prochain, une tranche de porc froid sur une assiette, un tube de mayonnaise non refermé, quelques miettes, un quignon de pain rassis, une banane à moitié mangée ou une clémentine à moitié pelée, une bouteille débouchée, un bol conservant la trace d'un liquide indéterminé ou la marque laissée par ce bol sur la toile cirée –, je fais pendant quelque temps la chasse à tout ce qui pourrait être décrit comme un déchet, ou un rebut, dans l'acception la plus large de ces deux termes. Non pas tant pour complaire à mes propres manies, bien que cette dimension ne puisse être totalement écartée, que pour me donner l'illusion d'être un hôte irréprochable. Après m'être acquitté assez longuement, à l'aide d'une éponge ou d'un chiffon, de ces tâches minuscules, je renonce à me faire du café afin de ne pas devoir recommencer, et aussi parce qu'il me tarde de sortir afin d'acheter le journal et de me rendre au bistro. Dans la salle de bains, avant de prendre une douche et de dilapider sans aucune retenue les produits de bain de mes hôtes, j'observe dans la glace les progrès de ma barbe poivre et sel dont l'origine doit remonter à cinq ou six jours. Tous les matins, depuis que j'ai pris la décision de me laisser pousser la barbe, j'éprouve un véritable soulagement en me rappelant que je suis désormais dispensé de me raser, soulagement qui serait encore bien plus grand si du même coup je pouvais également me passer de me laver ou de faire mon lit. Toutefois j'appréhende le moment où sa croissance, jusqu'à présent si harmonieuse qu'un marchand de barbes toutes faites n'aurait pu m'en procurer de plus régulière, la fera tendre vers l'hirsute et m'obligera à m'en défaire. Car si c'est avec un certain plaisir, ou du moins une certaine complaisance, que je l'ai tout d'abord laissé croître, à la fois par paresse et par calcul – une barbe de plusieurs jours ne saurait vous rajeunir, mais elle peut laisser entendre que, loin de subir votre âge, vous en jouissez comme d'un vice assez rare –, je ne peux me résoudre à l'idée de la tailler, de l'entretenir, et de devoir m'astreindre à une sorte de jardinage matinal plus fastidieux encore que le simple rasage. Lorsque j'en ai fini de ces réflexions sur ma barbe et de la dilapidation des produits de bain, je descends l'escalier qui mène à la porte d'entrée – une porte vitrée, garnie de verre dépoli, comme il sied à un local commercial plutôt qu'à un domicile privé –, je la referme derrière moi à l'aide d'une clef compliquée fabriquée par l'entreprise qui avait autrefois son siège dans l'immeuble, et, à l'aide d'une autre clef, beaucoup plus petite et d'un dessin plus rustique, je l'introduis dans la boîte aux lettres où D. la retrouvera si elle rentre en mon absence. Il me semble qu'involontairement, je ne peux m'empêcher de regarder autour de moi avant de procéder à l'introduction de la clef dans la boîte aux lettres. Si j'insiste sur tous ces détails insignifiants, ce n'est pas seulement afin de décourager le lecteur, mais parce qu'ils traduisent le sentiment que j'éprouve, en habitant ici et là chez des gens que je connais à peine, dans des villes où parfois je n'avais jamais mis les pieds, d'être en fuite, c'est-à-dire aussi d'être recherché. Or pour quelque raison, évidemment d'ordre pathologique, où la volonté de disparaître se mêle au désir mégalomaniaque d'être identifié comme un ennemi public, il me plaît d'éprouver cette impression de clandestinité : je n'ai jamais eu le goût des domiciles fixes, et si je pouvais me procurer de faux papiers et vivre, au moins par moments, sous une identité d'emprunt, je le ferais bien volontiers, même sans aucune nécessité. Car tout cela, naturellement, j'aimerais pouvoir en jouir sans être obligé par surcroît de commettre des crimes ou des délits. Quelques dizaines de mètres séparent la maison d'un rond-point ridicule – à supposer qu'il existe des ronds-points qui ne le soient pas – garni en son centre d'une fontaine sculptée dont la forme et le coloris évoquent exactement ces figurines en plastique bronzé, d'inspiration historique, que l'on trouvait autrefois dans les paquets de café Mokarex. Sur la gauche de ce dispositif, un bistro accueille dès les aurores une clientèle très limitée, exclusive en somme, d'habitués qui semblent ne pas dessaouler d'un jour sur l'autre. Droit devant, comme un gigantesque et solennel bonnet d'âne, se dressent dans le lointain les deux tours noires de la cathédrale de Clermont, couronnées quand le temps le permet par le dôme enneigé d'un volcan éteint. Sur la droite, une rue ancienne, bordée de boulangeries, de cafés et de salons de coiffure, mène vers le centre de Montferrand et son église aussi noire, bien que de dimensions plus modestes, que la cathédrale de Clermont. Dans l'alignement d'une autre rue, on voit monter vers le ciel, tout droit car il n'y a pas un souffle d'air, les fumées parallèles des usines Michelin. (De même que la présence de Poustovalov et de ses choristes avait pesé sur tout mon séjour en Lorraine, de même, à Clermont-Ferrand, et par la suite tout au long de ma progression vers le Sud, serai-je pourchassé par la créature anonyme que la CGT a choisie pour illustrer ses affiches lors des élections prud'homales. Afin de se défaire de son image de vieux machin, la CGT a misé sur une femme, jeune, représentative des « salariés » plutôt que de la « classe ouvrière », et pour enfoncer le clou, pour exprimer combien décidément elle souscrivait à tous les poncifs de la mode et de la communication, elle a élu un être hybride, qui tient à la fois de la militante féministe des années 70, de l'abbé Pierre et d'une comédienne de sitcom. Enfin, car il ne s'agit pas d'oublier que la revendication reste l'essence même du syndicalisme, elle lui a tordu le visage – déjà assez irritant par lui-même – en une grimace idiote suggérant que la petite a « la langue bien pendue », qu'avec elle on va « trouver à qui parler », qu'elle « ne s'en laissera pas conter », et ainsi de suite. Et cette horripilante créature figée dans sa diatribe, la bouche ouverte, l'œil à demi révulsé sous l'auvent de son béret basque, la main scandant une argumentation que l'on devine indigente, il me faudra désormais la retrouver et la subir en différents formats et en tous lieux, jusque dans le fin fond de la Lozère – là où les « salariés » se comptent pourtant sur les doigts d'une main –, toujours pérorant, haranguant, comme si elle ne pouvait renoncer à me circonvenir ou à me confondre.)

Peu de temps après le retour de D., nous sommes partis en direction de Saint-Nectaire dans sa vieille voiture orange, empruntant tout d'abord une route à grande circulation puis une route plus petite, l'une et l'autre bordées de prairies enneigées d'où les vaches avaient été retirées pour être mises au sec. Le soir tombe lorsque nous atteignons notre destination, une haute maison peut-être de style russe (ou qui devrait l'être), voisine d'un ancien établissement thermal, adossée à une paroi rocheuse dans ce défilé très resserré qui marque l'entrée de Saint-Nectaire. Sur le versant opposé, tout proche, croissent des sapins.

Moi qui ai l'habitude de parler d'abondance (même pour ne rien dire), j'étais en ce mois de décembre d'un mutisme saisissant, et qui ne devait rien au calcul. Je le précise parce que chacun sait que le silence peut être aussi un genre que l'on se donne, ou une discipline à laquelle on s'astreint, par philosophie ou par hygiène. Rien de tel dans mon cas : j'étais muet parce que je ne trouvais décidément, en aucune circonstance, rien à dire, et parce qu'à la question « Qu'est-ce que vous faites là ? » (question qu'en vérité j'étais le seul à m'adresser), j'étais incapable d'apporter même un début de réponse. Ainsi au sentiment, plutôt agréable celui-là, d'être un clandestin, se mêlait parfois celui, beaucoup plus préoccupant, d'être un prisonnier, un otage, ou, mieux encore, un paquet. Dans la voiture, entre Clermont et Saint-Nectaire, je m'étais senti otage – un otage sans ravisseur, bien entendu, je n'incrimine personne, surtout pas mon hôtesse –, et voilà qu'en arrivant en vue de la maison russe je me sentais irrésistiblement devenir paquet, un paquet difficile à mouvoir, et bien plus difficile encore à faire parler. L'habitante de la maison russe était une artiste, une fois de plus, et nous l'avons trouvée sur le pas de sa porte, assez légèrement vêtue et les pieds dans la neige, négociant une poignée de crevettes avec un commerçant ambulant dont l'étalage de poissons, d'algues et de crustacés, lorsqu'il le dévoilait en soulevant un panneau latéral de son camion d'où s'échappait alors un flot d'odeurs marines, jurait avec le décor formé par le défilé, les roches enneigées et les sombres sapins au point que toute cette scène semblait appartenir à une autre histoire. A l'intérieur de la maison il faisait incroyablement froid. Après avoir traversé une grande pièce où l'artiste, avant que nous la dérangions, travaillait, arrangeant des bouts de tissu sur le thème semble-t-il du mariage, ou de la virginité, ou de quelque chose entre les deux, nous nous sommes installés à l'étage dans une pièce beaucoup plus petite et sensiblement moins glaciale. La maîtresse de maison nous y servit du thé. De notre côté, nous avions apporté des petits gâteaux achetés en chemin. D. et l'artiste discutaient entre elles de choses et d'autres, du salon du livre de Blanzat ou d'une exposition qui s'était tenue la semaine précédente à Clermont, de la disparition déjà ancienne d'un chat, vraisemblablement imputable à des chasseurs, ou des difficultés que rencontrait dans ses études secondaires la fille de l'artiste, dont tout indiquait qu'elle devait être ravissante, et douée aussi d'une tournure d'esprit assez rare (en dépit de mon mutisme, et de l'impression générale de stupidité que je sentais émaner de moi comme une mauvaise odeur, je ne pus m'empêcher pendant toute la durée de l'entretien d'espérer vainement qu'elle surviendrait). La conversation de D. et de l'artiste n'avait rien de désagréable, au contraire, et à plusieurs reprises sans doute des perches me furent tendues, mais en dépit de tous mes efforts pour y prendre part je ne parvins à tirer de moi que quelques borborygmes. En outre j'avais froid, je ne pus me résoudre à enlever mon manteau (bien que sachant parfaitement que cela ne se faisait pas de conserver son manteau pour prendre le thé), et comme j'avais également faim je mangeai à moi seul au moins la moitié, si ce n'est les trois quarts, des petits gâteaux que j'avais apportés dans un effort louable de civilité. A un moment donné, un jeune chat – qui devait être le remplaçant de ce chat plus ancien assassiné vraisemblablement par les chasseurs – nous rejoignit dans la pièce, où il se mit à pourchasser en tous sens un morceau de matière plastique. Comme tous les chats, ou du moins les petits, celui-ci faisait plaisir à voir, et d'autant plus, dans son cas, que cette intervention inopinée me permettait d'adopter une contenance, sans aucune contrainte, car jouer avec lui – confisquer son morceau de matière plastique, l'agiter sous son nez, en gratter le sol afin de décupler l'excitation incompréhensible que ce petit objet suscitait chez l'animal, le lancer, l'escamoter à nouveau – était exactement ce que j'avais envie de faire. Il faisait nuit noire lorsque nous avons pris congé de l'artiste, et la température extérieure avait baissé de plusieurs degrés. D. voulait m'emmener dîner chez son beau-frère, qui tient au-dessus de Saint-Nectaire une ferme-auberge. Mais dès que nous avons quitté la ville et que nous nous sommes engagés sur la route en lacets qui s'élève dans la montagne, la neige qui s'était remise à tomber et le verglas en train de se former nous ont contraints à rebrousser chemin. De l'embranchement où nous avons fait demi-tour, on voyait en contrebas l'église de Saint-Nectaire illuminée et toute saupoudrée de flocons de neige, comme dans une carte de Noël d'autrefois.

Le lendemain était un samedi, et D. était de nouveau de permanence, auprès de son arbre, au salon du livre de Blanzat. Tard dans la matinée je me suis rendu à Clermont, j'ai acheté des journaux, j'ai traîné longtemps autour de la place de Jaude – dont le centre était occupé par le chapiteau d'un concours de danse sévillane organisé par un club de motards au bénéfice d'une association de handicapés –, hésitant à aller voir *Le Bossu*, qui venait de sortir, et dont je me doutais que personne, parmi les contacts dont je disposais en province, ne voudrait s'y rendre avec moi, les gens d'une certaine obédience répugnant aux films de cape et d'épée. (En revanche tous les gens que je rencontrais voulaient m'emmener voir *Le Goût de la cerise*, et moi je m'y refusais, momentanément, pour raisons de santé.) Ces hésitations relatives au *Bossu*, conjointement avec la lecture des journaux, m'occupèrent une bonne partie de l'après-midi, et à la nuit tombante, sans avoir vu aucun film, je repris le bus en direction de Montferrand. D. m'y attendait pour me présenter à des amis, encore des artistes, au moins pour la plupart, dont l'un venait d'acheter ou de louer à Montferrand une cave voûtée afin de la transformer en lieu d'exposition. Depuis la veille, mes difficultés à m'exprimer n'avaient fait que s'accroître. Les amis de D. étaient réunis au-dessus de la cave, dans un local également voûté, autour d'une table basse garnie de différentes sortes de vodkas et de boissons gazeuses, ainsi que d'une espèce de valise en matière plastique translucide pleine de croissants et de pains au chocolat. Un appareil de type *ghetto-blaster*, posé à même le sol, diffusait de la musique de boîte. Comme la veille, il y avait aussi un petit chat dont toute l'attention se concentrait sur la valise translucide, qu'après plusieurs tentatives pour en extraire un croissant – tentatives qui témoignaient d'un goût pour la pâtisserie assez inhabituel chez un chat –, il parvint à foutre par terre avec tout ce qu'elle contenait. Cette fois non seulement je n'arrivais pas à prendre part à la conversation mais je ne parvenais même pas à la suivre, et après quelque temps, ayant sifflé plusieurs gobelets de vodka, j'en vins même à ne plus rien comprendre à ce que je faisais là, le décor rupestre dans lequel se tenait la réunion, le froid qui y régnait, l'atmosphère de laisser-aller que ménageait, parmi d'autres détails, le jonchage de croissants consécutif à la maladresse du chat (lequel promenait partout ses pattes sales et son air ahuri), enfin la jeunesse des protagonistes et l'impossibilité de retrouver ce qui nous avait réunis, tout cela fit que je finis par me croire ramené vingt-cinq ans en arrière, dans un squat, en train de faire antichambre pour acheter de la dope. Ma frayeur, ou mon malaise, s'en accrut, car je n'avais aucune envie de me retrouver vingt-cinq ans en arrière, et par-dessus le marché en train d'acheter de la poudre à des gens que je ne connaissais pas le moins du monde. Au demeurant, l'hôte était un type charmant, très prévenant, qui me resservait de la vodka sitôt qu'il voyait mon verre vide, et qui multipliait les efforts pour feindre de n'avoir pas remarqué mon idiotie. A une réflexion qu'il fit et dans laquelle, Dieu sait pourquoi, il me comparait à Basquiat, ou plus vraisemblablement à un type qui avait connu Basquiat, je finis par retrouver momentanément mes esprits, je me rappelai que nous étions avec des artistes et qu'il aurait été courtois d'avoir l'air de m'intéresser à la peinture en général sinon à la leur en particulier. Je parvins même à bredouiller quelques platitudes au sujet de Basquiat, ou de Schnabel, ou de tel autre, dont il me sembla qu'elles pourraient me dédouaner. Puis, désireux de me retirer au plus vite, avant que ne se dissipe l'impression relativement favorable créée par mes réflexions sur Basquiat, je parvins à faire comprendre à D. que j'avais faim et nous nous sommes éclipsés pour aller dîner au *Falbala*, un établissement que j'avais repéré la veille, peut-être à cause de son nom, ou d'une serveuse aperçue au passage ou de quelque détail de ce genre. Alors que nous nous apprêtions à dîner et que je commençais à me détendre – ayant d'autre part cru constater que mon irrésistible barbe poivre et sel m'attirait en effet l'attention bienveillante de la serveuse –, deux amies de D. nous rejoignirent et tout recommença ; je sombrai dans une telle confusion, l'alcool aidant, que je me mis à discourir interminablement sur les mécanismes du crédit et les avantages de la monarchie britannique, deux sujets qui dans des conditions normales m'intéressent aussi peu l'un que l'autre. Je sentais que les deux amies de D. me considéraient déjà comme un imbécile, et j'en concevais une telle rage que, plutôt que de dételer, je m'obstinai à rajouter inlassablement de nouvelles couches au mur d'inepties que j'avais édifié autour de moi. Après le dîner, passablement saoul et maussade, laissant D. me précéder à la maison, je m'isolai dans une cabine proche du périphérique afin d'appeler mon répondeur à Paris. Bien entendu je n'y trouvai aucun des messages que j'attendais, mais en revanche une communication de mon éditeur m'informant sans ménagement particulier que l'unique traduction en cours de mon avant-dernier livre, en Hollande, était tombée à l'eau par suite d'un accident survenu au traducteur. Bien loin d'éprouver de la commisération pour ce traducteur accidenté – je ne croyais d'ailleurs pas un mot de cette histoire –, je me sentis gagné par le fou rire. Lors d'une précédente tentative de traduction, en Italie, l'éditeur avait entre-temps fait faillite. Là-dessus j'avisai deux jeunes aux bonnets enfoncés sur les yeux, que je ne sais trop pourquoi j'identifiai comme des Kurdes, et qui évoluaient autour de ma cabine comme des requins autour d'une cloche de plongée, apparemment dans le dessein de me faire les poches, ou peut-être pire. Mais comme je les regardais d'un sale œil, et que ma barbe croissante devait commencer à me donner l'allure d'un type pas commode, les deux jeunes, après s'être concertés, se mirent à faire du stop, estimant peut-être qu'ils auraient plus de chance avec un automobiliste assez niais pour les prendre à son bord à une heure et dans un endroit pareils. De retour à la maison, je pérorai encore longuement, devant D. qui buvait de la tisane, au sujet de la délocalisation de tout ou partie de l'industrie européenne des pompes funèbres dans des pays pauvres disposant d'une main-d'œuvre abondante et de grands espaces désertiques.

Tout le versant nord des collines – et non seulement des collines mais des talus, des fossés ou des simples mottes de terre, en somme de tout ce qui peut présenter deux versants – étincelle sous une mince couche de givre et plus rarement de neige, les étangs et les mares sont gelés, brillants sous les rayons obliques du soleil, à perte de vue s'étendent des champs noirs et de pâles prairies où paissent des bœufs blancs, étalant si grassement leur destin de viande de boucherie qu'il n'y aurait rien de choquant – et pour eux, peut-être, rien de très douloureux – à s'y découper de larges steaks à l'aide d'un couteau de poche, de même qu'on prélève un peu de beurre d'une motte. Des troupes de vanneaux s'abattent çà et là. Après le changement à Nevers, dans la traversée du Morvan, la couche de neige et de givre devient plus homogène tandis que le soleil décline et que s'allonge sur les prairies l'ombre des haies. Tout est bien.

C. m'attendait dans sa voiture devant la gare du Creusot. En le voyant, je compris soudainement – car ce sentiment ne m'avait pas effleuré lorsque je l'avais appelé de Clermont-Ferrand quelques heures auparavant – quel pignouf j'étais de l'avoir tiré de chez lui, un dimanche après-midi, alors que la distance qui sépare la gare de l'hôtel ne doit pas excéder quinze cents mètres. Pendant toute la semaine, C. travaille chez Creusot-Loire, comme avant lui son père et l'un de ses deux grands-pères, et consacre la majeure partie du temps qui lui reste à ses activités de militant communiste et d'élu local. La première fois que je suis venu au Creusot, c'était avec J., nous avions traversé le Morvan en voiture et nous étions descendus dans le même hôtel, sur cette place Schneider qu'orne latéralement – après en avoir occupé le centre – un groupe sculpté représentant le fondateur de la dynastie, connu localement sous le nom du « Bambouaille », au pied duquel une ouvrière énamourée le désigne du doigt à son petit garçon. C'est pendant ce premier séjour que je fis la connaissance de C. Un an après, poussé déjà par cette animosité rétrograde que m'inspire la civilisation du tertiaire, j'étais de retour au Creusot à l'occasion d'un reportage. On était à la veille de la Toussaint, il pleuvait, et tout le monde semblait plus ou moins occupé à acheter ou à vendre des chrysanthèmes. Toutefois sur l'esplanade de Larc, en dessous de l'hôtel de ville, 150 ou 200 personnes, regroupées sous de trop rares parapluies, et dont quelques-unes étaient accompagnées de chiens en laisse, tenaient lieu de ce « vaste rassemblement de l'ensemble de la population creusotine et des environs » auquel avait appelé la CGT. « Le Creusot, pouvait-on lire dans le tract imprimé par le syndicat, détient le record du chômage en Saône-et-Loire. Notre vie est menacée de précarité, de misère et d'exclusion. » « L'ombre du grand Creusot-Loire, poursuivait le tract, est encore présente dans nos esprits et dans nos cœurs. L'ombre des grandes manifestations plane encore sur le boulevard Schneider. » Là-dessus, après qu'un tribun enroué eut proféré quelques exhortations inaudibles, les ombres s'étaient mises en marche, sous la flotte, toujours à l'abri de rares parapluies et accompagnées pour certaines de chiens, elles s'étaient engagées en ordre dispersé sur le pont qui franchit le long vallonnement où s'accomplissait autrefois le cycle complet de la transformation du minerai de fer en canons ou en locomotives, elles avaient emprunté sur une courte distance l'avenue de Verdun, laissant sur la droite les bâtiments encore imposants, d'ailleurs sombres et vétustes, de Creusot-Loire, puis successivement les rues Foch, Victor-Hugo et Marceau, avant de se regrouper devant la permanence du député RPR pour pousser des clameurs, puis de se disperser par petits groupes, toujours sous la pluie. « Déjà qu'habituellement ce n'est pas facile de mobiliser les gens, avait commenté C., alors avec un temps pareil... » « Physiquement, avait-il ajouté, la classe ouvrière est toujours là. Mais, moralement, elle est en train de disparaître. Et, du coup, toutes les grandes idées qu'elle défendait disparaissent avec elle. »

Et c'est ainsi qu'en ce dimanche après-midi où la température relevée place Schneider s'élevait à – 1°, C. m'attendait dans sa voiture blanche en face de la gare du Creusot. Lorsqu'il m'a déposé devant l'hôtel, un banquet du troisième âge y touchait à sa fin, les hommes d'un côté, les femmes de l'autre, tous un peu pétés, entonnant tour à tour des chansons, exactement me disais-je comme dans la séquence finale d'un film tchèque en noir et blanc des années 60, cette référence au cinéma tchèque me dispensant d'approfondir ou de préciser les sentiments, sympathie et horreur mêlées, que ce rassemblement de vieux m'inspirait. En sortant de l'hôtel pour aller me promener avant la nuit dans le parc de la Verrerie, je tombai sur un cinéma où l'on donnait *Le Bossu*, mais les horaires des séances, une fois de plus, étaient incompatibles avec les exigences au demeurant si floues de mon propre programme. Dans le parc, où tout l'élément liquide était pris par le gel, je rencontrai des écureuils roux d'une familiarité que je n'avais jamais observée auparavant que chez des spécimens polonais de cette espèce, l'année qui suivit l'interdiction du syndicat Solidarité et l'imposition de l'« état de guerre », dans un parc public de Poznan où je m'étais fait traduire en polonais le mot « écureuil », avec l'intention d'en faire l'usage que l'on devine. De retour dans ma chambre, j'attaquai la relecture d'un vieux livre de Manchette, en édition de poche, que j'avais dérobé à Montferrand dans la bibliothèque de mes hôtes. Tout était à ma convenance : le livre de Manchette, le couvre-lit jaune sur lequel j'étais étendu et que ne déparait aucun trou de cigarette, la température élevée qui régnait dans la chambre, l'éclairage insuffisant, le vrombissement de la tuyauterie, l'armoire à glace où se répercutait longuement le cliquètement des cintres chaque fois que l'on avait l'imprudence d'en toucher un, enfin la vue sur les toits que je découvrais par la fenêtre, dans laquelle un peu plus tard je verrais s'élever une demi-lune étincelante de nuit de gel.

En fin d'après-midi C. est passé me chercher et nous avons été nous promener en voiture sur la route des crêtes, nous arrêtant ici et là pour observer le panorama du Creusot et ses modestes illuminations. C. était d'humeur gamine : sur un parking, il s'efforça de faire déraper sa voiture sur le sol verglacé, puis il s'émerveilla de l'étrange aspect que présentait l'usine Snecma éclairée et vue d'au-dessus. Alors que nous étions redescendus en ville, il tint à me faire la démonstration d'un nouveau système de feux tricolores conçu pour éviter, de nuit, les longues stations inutiles aux feux rouges. Peut-être C. était-il pour quelque chose dans l'introduction de ce nouveau système qui, d'après lui, s'était déjà traduit par une baisse appréciable du nombre d'accidents de la circulation. Toujours est-il que ça marchait, lorsque la voiture approchait d'un croisement le feu presque toujours passait au vert comme par enchantement, et C. ne se lassait pas de le vérifier, avec cette capacité de se réjouir extrêmement de choses infimes qui distingue souvent les hommes un peu moins méchants que la moyenne. Autant que par l'intelligence électronique des feux rouges, C. était emballé par son nouveau scooter avec lequel il s'était « éclaté sur la route de Dijon », ou par le succès des cubes de graisse qu'il avait disposés dans son jardin à l'intention des oiseaux hivernants. « Il est même venu un pivert », m'expliqua-t-il comme s'il s'agissait d'une rareté. Puis : « Plus ça va, plus je deviens extrémiste. » (C. fait partie des gens qui pensent que toute l'histoire de l'URSS, et des partis qui lui étaient inféodés, n'est qu'une longue et fâcheuse parenthèse qui ne met nullement en cause la validité du marxisme-léninisme.) Après la balade nous sommes allés dîner chez lui en compagnie de sa femme, de son fils et de la plus jeune de ses filles. Comme on demandait à celle-ci, qui est encore d'âge scolaire, si elle fumerait plus tard, elle prit le temps de réfléchir, au lieu de faire machinalement la réponse attendue, puis après avoir considéré les cinq ou six mégots qui déjà s'entassaient devant moi dans le cendrier à l'usage exclusif des visiteurs, elle répondit d'un air poliment dégoûté qu'elle ne savait pas, mais qu'elle espérait que non.

Le lendemain le temps s'est radouci, tout l'élément liquide du parc de la Verrerie a retrouvé sa fluidité, les écureuils sont devenus plus furtifs. *Le Progrès-Le Courrier* cite le cas d'un habitant du quartier Clairs Logis, à Châlons, qui à deux heures du matin, dans la nuit de samedi à dimanche, après avoir longuement roué son chien de coups de bâton l'a balancé par la fenêtre du troisième étage. Je prends connaissance de ce fait divers dans le train de Dijon. J'écris cela comme si de rien n'était, six mois après, mais en vérité je n'ai pas le moindre souvenir de ce trajet. Du fait que j'étais le matin au Creusot, et dans l'après-midi à Dijon, je déduis que j'ai dû prendre le train entre ces deux villes, mais je suis incapable de me remémorer ne serait-ce qu'un seul de ces traits charmants, témoignant si possible de l'excellence du genre humain dans sa diversité, qui enchantent les lecteurs de récits de voyage. Je me souviens en revanche sinon de l'arrivée en gare de Dijon du moins de cette gare elle-même, je me souviens d'avoir marché assez longuement à la recherche de l'hôtel Le Sauvage, puis, l'ayant atteint, d'avoir constaté qu'il était beaucoup moins éloigné de la gare que je ne l'avais cru par suite d'une lecture erronée d'un plan de la ville. Je me souviens d'être ressorti aussitôt pour déjeuner rue de la Liberté, en face des Galeries Lafayette, dans un débit de nourriture à l'enseigne de *La Brioche dorée*. Ici mes notes reprennent, et, contrairement à ce qui s'est passé avec l'épisode du train, sombré dans un trou noir, je dispose au sujet des suivants d'une multitude d'informations très précises bien que d'un intérêt discutable. Ainsi nous me voyons errer dans les rues de Dijon, au sortir de *La Brioche dorée*, m'abriter de la pluie, boire des cafés, côtoyer des monuments historiques, regarder des femmes à la dérobée (ou peut-être les dévisager avec insolence), prendre connaissance d'une affiche annonçant la représentation d'une pièce de théâtre adaptée d'un roman de Luc Dietrich, *Le Bonheur des tristes*, dont ma mère possédait un exemplaire dédicacé par l'auteur dans un style révélateur des sentiments exaltés qu'elle lui avait inspirés quelques années avant le déclenchement de la Seconde Guerre mondiale, me renseigner sur les horaires du

Bossu et dans une moindre mesure sur ceux du *Goût de la cerise*, hésiter à appeler une femme que je ne connais pas mais dont une amie commune m'a donné le numéro de téléphone à Dijon, entrer dans une cabine, l'appeler finalement, prendre rendez-vous pour le soir même, attendre ce rendez-vous, longer le Palais ducal, pénétrer avec deux minutes d'avance dans le bâtiment qui abrite l'administration du théâtre, me faire annoncer, patienter, être introduit dans le bureau assez directorial de la personne avec qui j'ai pris rendez-vous par téléphone, me présenter, m'asseoir après y avoir été invité, prononcer quelques mots en essayant de paraître spirituel, me relever, sortir du bâtiment abritant l'administration du théâtre en compagnie de la personne susmentionnée. Et ainsi de suite. Dans le premier bar où nous nous sommes arrêtés, en dépit de ma volonté de ne pas boire, j'ai avalé plusieurs bourbons en m'efforçant d'expliquer à M., l'administratrice du théâtre, le sens toujours dérobé, absolument insaisissable, de ma démarche littéraire ambulatoire, dans laquelle notre rencontre s'inscrivait parmi d'autres hasards arrangés. En désespoir de cause je lui fis observer que mon propre projet n'était pas notablement plus flou ou plus inconsistant que telle ou telle démarche artistique, par exemple dans le domaine des arts plastiques, ma soif allant naturellement croissant au fur et à mesure que je m'empêtrais dans ces justifications que nul ne m'avait demandé de produire.

Puis nous avons quitté le bar pour un restaurant italien où à grand renfort d'orvieto, tout d'abord, puis de grappa, j'ai tenté d'emballer cet indéfinissable projet dans de grandes draperies historiques et sociales aux sombres plis, appelant à la rescousse les ruines d'Usinor, les soubresauts de Longwy, le désert d'Hagondange ou la présence occulte et cependant tutélaire des Chœurs de l'armée Rouge lancés à ma poursuite sur les routes de Lorraine, larmoyant, sans cesser de gober des petits verres, sur l'impossibilité à laquelle je me heurtais d'exprimer par écrit les sentiments de sympathie et d'étrangeté (toute la richesse, la complexité, de ces sentiments) que m'inspirait la haute et pitoyable figure de mon ami communiste du Creusot, le choc entre ses convictions insensées (qui à quelque chose près, dans le temps, avaient été aussi les miennes) et les réalités désespérantes d'une petite commune périphérique confrontée aux habituels problèmes de chômage, de délinquance et d'intégration. Lorsque tout à coup l'idée me vint d'adopter une attitude courtoise et de céder la parole à mon interlocutrice, ne serait-ce que pour la forme, je n'étais déjà plus guère en état de l'entendre. D'ailleurs à peine eut-elle mentionné le nom de la ville de Bristol, en Grande-Bretagne, où elle avait parachevé ses études de théâtre, que je m'en emparai pour lui raconter comment l'hiver dernier, par un temps si froid que les eaux de l'Avon étaient prises par les glaces (du moins étaient-elles gelées dans mon souvenir), j'y avais échoué le soir de Noël, en compagnie de mon frère, dans la salle à manger d'un hôtel dont les rares clients étaient sans exception coiffés de chapeaux pointus en papier rose, déguisement qu'il nous fut impossible de refuser – et de même pour les *crackers*, et encore le *pudding* – afin de ne pas aggraver la réputation détestable dont pâtit notre nation sur l'autre rive de la Manche. A peine sorti de mon long mutisme clermontois, j'étais de nouveau animé, ondoyé, transi, d'une telle frénésie d'avaler des verres d'alcool et des jets de fumée, et de régurgiter aussitôt cette mixture sous la forme à peine travaillée de véritables torrents oratoires, que seul un coup de massue aurait pu mettre un terme à cette débauche. Les mégots s'accumulaient dans le cendrier (ou plutôt dans les cendriers, car, à l'instar des gobelets, on me les renouvelait régulièrement) comme le sédiment, l'alluvion, de ce flot absolument stérile. En somme, j'étais d'excellente humeur, et si l'on m'avait placé dans cet état – à demi inconscient, environné de paroles crépitantes et fumeuses comme une sorte de vivant feu de Bengale – sur un plateau de télévision, j'aurais certainement fait péter ce soir-là tous les records d'audience. Je présumais qu'il me faudrait au moins toute la journée du lendemain pour m'en remettre, mais, dans ces cas-là, on ne regarde pas à la dépense. Au sortir du restaurant, bien qu'à demi étouffé, déjà, par mon incontinence, et la langue comme boucanée, j'insistai pour que nous nous rendions dans un autre bar. La directrice administrative du théâtre semblait éprouver à mon égard une sorte d'indulgence un peu lasse. Peut-être lui rappelais-je Falstaff, ou Caliban, ou tel autre monstre croisé jadis sur les rives de l'Avon. D'ailleurs cette mention de Bristol avait réveillé chez moi une vieille passion anglomane, imputable pour une part, je le crains, à ce que ce peuple, dans nos rencontres, nous ait presque toujours dérouillés, mais aussi, de manière plus avouable, au rôle que son caractère insulaire, plus sans doute que son héroïsme ou son attachement aux idéaux démocratiques, lui assigna dans la résistance au nazisme. A l'apogée d'une cuite, lorsque du sein d'une brume épaisse, zébrée d'éclairs – celle qui devait régner sur les pentes du plateau de Pratzen aux premières heures de la journée d'Austerlitz –, surgit le fantôme de l'Histoire, ou de l'idée que je m'en fais, l'évocation de la bataille d'Angleterre, soit de la première défaite sérieuse infligée aux armées du Reich (en l'occurrence : la Luftwaffe), devient un de mes sujets privilégiés d'élucubration. Même à tomber par terre, notez-le bien, je suis encore capable de citer sans en omettre aucun tous les types d'appareils, chasseurs ou bombardiers, engagés de part et d'autre dans ce combat titanesque. Or par un prodigieux hasard, dans le bar où la Providence nous avait conduits, la directrice du Grand Théâtre et moi-même, voici qu'en levant le nez, ou peut-être en dodelinant de la tête, je découvris au plafond la silhouette peinte d'un Hurricane, cet appareil un peu pataud, assez lourd, réputé peu maniable, et dont ses défauts mêmes font le héros absolu, plus encore que le Spitfire, de la bataille d'Angleterre. Autour de nous (en dessous du Hurricane) se pressaient des types louches, agglutinés autour de pintes de bière et d'autres boissons plébéiennes. Tout indique que la directrice du théâtre avait depuis longtemps cessé de m'écouter. Peut-être même me tenais-je enfin coi. Et c'est ainsi que jaillissant en trombe d'un nuage, dans lequel je m'étais longtemps tenu caché, pour piquer sur un groupe de bimoteurs Heinkel 111, je disparus en plein ciel de gloire, à Dijon, dans la nuit du 9 au 10 décembre 1997.

Tout cela manque un peu de sexe, je m'en rends bien compte. Peut-être cela tient-il au fait qu'à cette époque je m'étais en quelque sorte absenté de mon corps, lui refusant quant à moi tout concours, au point d'y laisser croître comme une moisissure, un lichen, cette barbe dont il s'avérait chaque jour un peu plus qu'elle n'était pas mon genre, en dépit des illusions dont je m'étais bercé tout d'abord à ce sujet, et qui d'ailleurs fut cause qu'en me croisant dans une rue de Dijon, G., une amie de S., au lieu de me reconnaître crut avoir rencontré mon « sosie ».

Un peu avant la mi-décembre, à 19 heures 50, un jeudi, un train en provenance de Nevers déposa mon sosie en gare de La Bastide-Saint-Laurent, aux confins de la Lozère et de l'Ardèche. Dans le train, me déplaçant d'un wagon à l'autre, j'avais rencontré dans un soufflet un type qui sans un mot, le regard vide, ne sollicitant aucune aide, se débattait lentement des pieds et des mains, le cul par terre, comme un cosmonaute vaquant à ses occupations dans un vaisseau spatial, sans qu'il fût possible de déterminer si cette illusion d'apesanteur était imputable à l'excès d'alcool ou à des désordres plus graves. A l'exception de la gare, elle-même faiblement éclairée, La Bastide-Saint-Laurent était plongée dans une obscurité de couvre-feu. Sitôt le train reparti, j'identifiai le son très précis d'un torrent coulant en contrebas, dans la direction présumée du village, et celui plus diffus, plus ample, du vent qui soufflait parmi de grands sapins devant le parvis de la gare, dispersant quelques flocons de neige trop clairsemés pour parvenir à former sur le sol une couche homogène. Puis l'ensemble fut momentanément éclipsé par le bruit de tonnerre de deux avions de combat volant à basse altitude, de nuit et sous la neige, au-dessus de la vallée. Puis de nouveau le silence et le bruit du torrent sur lequel je me guidais pour descendre jusqu'au pont, le franchir, atteindre l'hôtel des Pins en face duquel brillait intensément l'enseigne lumineuse d'une station-service.

Je dînai seul, sous un renard empaillé, dans une assiette marquée du nom de l'établissement et de son altitude – 1 024 mètres – dans la salle à manger de l'hôtel des Pins, cherchant à rassembler les souvenirs épars d'un séjour infiniment plus faste que j'y avais fait plus de vingt ans auparavant, alors qu'avec E., ne doutant de rien, nous traversions les Cévennes à pied sur les traces de Stevenson. Vers minuit, alors que je m'apprêtais à dormir, dans la chambre voisine se mit à retentir l'alarme d'un réveil électronique. Le bruit se prolongeant, et personne ne réagissant dans l'hôtel – dont j'avais la certitude d'être cette nuit-là le seul client –, je sortis de ma chambre, repérai au passage le numéro de celle d'à côté, descendis à la réception, attrapai la clef au tableau, remontai à l'étage et, après avoir frappé à tout hasard, ouvris la porte de la chambre à l'intérieur de laquelle l'alarme continuait à retentir. Le chauffage était poussé au maximum, et il y régnait une odeur de mec modérément soigneux de sa personne. Sans doute était-ce la chaleur et le confinement qui avaient conservé à cette odeur la même intensité que si le corps dont elle émanait s'était trouvé dans la pièce. J'allumai, je m'efforçai de ne rien regarder, tant cette intrusion dans l'intimité olfactive d'un inconnu me mettait mal à l'aise, je mis la main sur le radio-réveil et dans ma précipitation, plutôt que de prendre le temps d'identifier le bouton d'arrêt de la sonnerie, j'en manipulai à l'aveuglette une dizaine jusqu'à ce que le bruit cesse. Là-dessus l'idée me vint que si le type à l'odeur forte gisait dans la salle de bains, étranglé, ou même simplement foudroyé par une crise cardiaque, je me retrouverais dans de beaux draps. Cependant le lendemain soir, à la même heure, le même phénomène se reproduisit et je dus me livrer à une nouvelle violation de domicile, prenant le temps, cette fois, de jeter un œil aux objets disposés dans la chambre, parmi lesquels une cassette vidéo du film *Independance Day*, des outils – le type devait être un ouvrier en déplacement qui louait la chambre à la semaine – et quelques photographies de bamboulas ou de fêtes de famille comme les hommes en prennent un peu partout dans le monde, et que nul ne regarde jamais à moins que la guerre ou d'autres catastrophes, accidentellement ou intentionnellement, ne les arrachent aux tiroirs des commodes pour les éparpiller sur la voie publique. Ainsi me rappelai-je avoir à deux reprises, dans un passé récent, recueilli et regardé de telles photos, la première fois dans le faubourg serbe de Borovo-na-Celje après que les milices croates en eurent délogé ses habitants, et la seconde dans le centre de Vukovar après que l'armée serbe l'eut détruit pour en chasser les Croates.

Cette circonstance, absolument fortuite, n'était pas la seule qui fût de nature à évoquer les guerres de Yougoslavie dans le voisinage de La Bastide. La Bastide elle-même, petite ville encaissée de moyenne montagne, avec ses voies ferrées, ses hangars, sa scierie sur le parc de laquelle étaient empilées les planches de sapin, ses bois sombres et ses pâturages, son hôtel vide susceptible d'être rapidement converti en quartier général de cinq ou six chaînes de télévision et d'autant d'associations humanitaires, La Bastide elle-même était assez bosniaque. Sa situation au fond d'une vallée, à la charnière de plusieurs massifs, au carrefour de deux lignes de chemin de fer et de quatre routes, offrait d'intéressantes opportunités de blocus et de bombardement. En suivant l'une de ces routes, celle qui menait en direction de l'Ardèche, je tombai à la sortie du bourg sur un bâtiment assez vaste, de construction récente, en béton, comportant plusieurs pièces dont certaines pouvaient avoir été des chambres et d'autres des salles à manger ou des salons, et dont toutes, éventrées, plafonds crevés et fenêtres brisées, avaient été dépouillées de tout ce qui présentait une quelconque valeur marchande, jusqu'à la laine de verre de l'isolation, puis – mais peut-être dans un second temps, et par une nouvelle horde sans lien avec la précédente ? – souillées et couvertes de tags. Tout autour, sous les pins mugissants, sur la prairie à l'herbe haute et jaunie, étaient éparpillés des débris, des cratères de cendres marquant les emplacements de plusieurs foyers, des reliefs de gueuletons ou de beuveries agrestes. De retour à l'hôtel des Pins, m'apprêtant à dîner de nouveau, sous le renard empaillé, d'un repas commençant invariablement par une soupe (et c'était exactement le genre de chose que j'avais envie de manger), je demandai au patron ce qu'abritait autrefois la maison et dans quelles circonstances elle avait été détruite, mais tout ce que je pus en tirer c'est qu'elle était « abandonnée », ce qui ne m'avait pas échappé. C'est au cours de la nuit suivant cette excursion que le réveil électronique sonna pour la seconde fois.

Autrement l'hôtel était parfaitement silencieux, on n'y entendait pendant la nuit d'autre bruit que celui du vent dans les pins et, en tendant l'oreille, celui de la rivière qu'il fallait traverser pour se rendre à la gare. Lorsqu'un train marquait un arrêt dans cette dernière, ce qui survenait à plusieurs reprises dans la journée et jusqu'au début de la nuit, on entendait aussi, amplifiées par un haut-parleur, les trois notes du carillon de la SNCF précédant les annonces psalmodiées par une voix féminine de synthèse. Le vendredi matin, je pris l'autorail à destination de Mende et je fis signe au machiniste afin qu'il me dépose à Belvezet. Au cours de mon existence je m'étais déjà rendu deux fois à Belvezet, mais jamais en cette saison. Distante de près d'un kilomètre du hameau, la gare de Belvezet était abandonnée, ou du moins fermée, et dans un bâtiment annexe je découvris quelques vestiges d'un ancien squat dont les occupants avaient dû être chassés par les rigueurs du climat. Oubliée sur une table entourée de sièges de voiture, il restait même une tablette de chocolat apparemment comestible. Enfin le bâtiment principal était flanqué d'une sorte de grange aux planches disjointes, partiellement remplie de foin, dans laquelle je m'abritai quelque temps du vent glacial qui soufflait sur le plateau et poussait dans le ciel de gros nuages de neige. Alors que je m'engageais sur la route menant au bourg, deux avions de combat comme emboîtés l'un dans l'autre jaillirent soudainement et passèrent au-dessus de moi dans un bruit de tonnerre – plus précisément les avions passèrent d'abord et le bruit les suivit – avant de plonger derrière les sombres vagues de la forêt de Mercoire, laquelle fut entièrement déboisée, au XVIIIe siècle, afin de vérifier que la bête du Gévaudan ne s'y cachait pas sous un arbre. En chemin je rencontrai un grand chien noir auquel il manquait une patte, ce qui le rendait assez docile, puis quantité de ses congénères auxquels il n'en manquait probablement aucune se mirent à aboyer, et quantité de vaches à meugler, alors que je parvenais à la hauteur des premières maisons du village. Bien que de toute évidence il n'eût échappé à aucun de ses habitants que l'autorail s'était arrêté en gare de Belvezet, et qu'il en était descendu un type dépourvu de bagage, que rien donc ne désignait comme un marcheur, outre que ce n'était pas la saison, pas un ne se manifesta, même en entrouvrant une fenêtre, tandis que j'arpentais en maugréant ses deux ou trois rues étoilées de bouses de vache et de plaques de neige. Quand j'eus vérifié que Belvezet ne comptait aucun bistro, je trouvai refuge contre le froid de plus en plus perçant dans l'unique cabine téléphonique du village, devant laquelle aussitôt un berger allemand vint se planter comme si on lui avait demandé quelque chose. Cette cabine étant l'une des dernières, dans toute la France, à n'accepter que des pièces, et par surcroît des pièces d'un modèle désormais introuvable, je n'eus même pas le loisir de me donner une contenance en passant des coups de téléphone. Enfin je pus tout de même en donner un, très bref, et laisser sur le répondeur d'une amie, à Paris, un message dont je ne lui cachai pas qu'il pouvait être le dernier, puisqu'au moment où je lui parlais j'étais tenu en respect par un berger allemand, terré dans l'unique cabine téléphonique d'un hameau de Lozère assez inaccessible, et sur lequel allait bientôt s'abattre une tempête de neige susceptible d'interrompre pendant plusieurs jours ses liens déjà ténus avec le siècle.

Au tiers de la distance séparant Masméjan de Chasseradès, la route qui parmi les bois de sapins et de hêtres, les prairies jaunes tachées de neige, monte de La Bastide vers le massif du Goulet, la route franchit l'Allier alors qu'il n'est encore qu'un torrent de montagne. En amont de ce pont l'Allier coule en contrebas de la route, sur la droite, au milieu d'un chaos de gros rochers moussus et de hêtres qui vers la mi-décembre sont loin d'avoir perdu toutes leurs feuilles. Entre les rochers la neige s'est amassée par endroits, et les variations de température, la succession de gels et de dégels, lui ont imprimé cette consistance à la fois durcie et spongieuse qu'elle présente également autour des bacs à glace dans un réfrigérateur mal entretenu.

En revanche l'eau du torrent, transparente et exempte de mousse, même là où elle bouillonne le plus vigoureusement, n'est pas si froide que l'on ne puisse s'y tremper les mains, ou les pieds, ou le visage, avec plaisir. Peut-être même pourrait-on s'y baigner si la température extérieure le permettait. En un point où le cours du torrent est particulièrement resserré, un tronc de bouleau s'est placé en travers, en amont duquel se sont accumulées assez de branches pour donner à l'ensemble l'aspect d'un barrage de castor. En aval le cours de la rivière est brisé par une petite chute. Alors que sur ce bief je titube en travers du torrent de pierre en pierre, mon intrusion fait jaillir de sous l'une d'elles une truite de petite taille, mais vive comme ne saurait l'être un hotu, par exemple, et qui presque aussitôt disparaît sous un autre caillou. Ayant atteint la rive opposée je m'en éloigne de quelques pas, sous le couvert des hêtres, avant de pisser longuement, voluptueusement, sur une épaisse couche de feuilles mortes. Le soir tombe, la neige menace, parfois des jets de lumière dorée fusent entre les nuages qui défilent rapidement d'une crête à l'autre. Tout cela, me disais-je en tirant sur une cigarette dont j'avais longtemps différé l'allumage, tout cela comme dans cette variété de littérature américaine que je déteste, pleine de parties de pêche, de simplicité sexuelle, de trahisons féminines et de virées entre copains, de bières bien fraîches et de foutus bons steaks de trois pouces au moins d'épaisseur.

J'avais décidé de ne raser ma foutue barbe que lorsque j'aurais la mer sous les yeux et, ne fût-ce que pour retrouver mon aspect habituel, il me tardait d'atteindre Marseille. Je m'arrêtai cependant trois jours à Montpellier, chez une amie que je connais depuis bientôt trente ans, autant dire depuis toujours, et qui par conséquent n'a malheureusement pas sa place dans ce récit. Tout ce que je peux dire, à ce sujet, c'est que nous sommes allés ensemble voir *Le Cousin*, et que par la suite, peut-être aussi parce que dans ce film l'unique inspectrice de l'équipe était extrêmement séduisante, il me sembla que la position de flic était peut-être encore celle qui convenait le mieux à quelqu'un d'affecté d'un certain pessimisme et d'un certain dédain de la société. D'un autre côté, rien ne prouve qu'il existe beaucoup de flics à l'image de ceux du *Cousin* (ceux que j'ai rencontrés ne leur ressemblaient pas). Tout le Midi était alors noyé sous des pluies diluviennes, et par suite d'inondations sur la ligne, le train que je devais prendre pour me rendre à Marseille fut retardé de plusieurs heures. Puis de part et d'autre de la voie défilèrent des paysages de cultures sous plastique, de vignes dénudées, d'alignements de cyprès coupe-vent, de bretelles d'autoroutes, de Super-U tagués, de décharges municipales et de caravanes alignées sur des parcs de stationnement. A Marseille, le vent s'engouffrait dans la rue Paradis, faisant tourbillonner des feuilles mortes et des sacs en plastique dont l'un se plaqua contre ma figure comme un poulpe.

La chambre d'hôtel, rue Paradis, était décorée d'une reproduction des *Iris* de Van Gogh. Au moment où, ayant adapté à mon rasoir Gillette G 2 une lame neuve de type « Contour Plus », je m'apprêtais à effacer enfin cette barbe poivre et sel qui n'avait pas tenu ses promesses, la comparaison avec le geste sacrificiel de Van Gogh diminua de beaucoup le plaisir que je me disposais à retirer du mien. A ma décharge, je dois dire qu'à cette époque je ne connaissais personne à Marseille qui méritât l'offrande d'une oreille. Lorsque je fus de nouveau glabre (et bien que la nudité restaurée de mon menton ne m'eût pas procuré non plus toutes les satisfactions que j'en escomptais), je décidai de sortir pour fêter ça. Je pris la rue Paradis, puis la rue

Francis-Davso, je me retrouvai près de l'Opéra devant lequel deux vieilles putes se tenaient en faction dans la tourmente. Un peu plus loin, trois ou quatre marmots en voie de gangstérisation me taxèrent d'une pièce de dix francs en y mettant les formes, puis se dispersèrent en courant comme s'ils me l'avaient volée. Alors que je remontais le cours d'Estienne-d'Orves sur toute sa longueur, en passant devant la vitrine d'un bistro qui à la belle saison se prolonge à l'extérieur en terrasse, je me souvins d'y avoir eu des années auparavant l'une des conversations les plus inattendues et les moins vaines de mon existence, avec un gamin des quartiers nord extrêmement beau, dont plusieurs indices suggéraient qu'il était en congé d'un établissement psychiatrique, qui trimballait *Le Procès* dans une poche de sa veste et qui prétendait avoir découvert la littérature, de manière en quelque sorte accidentelle, en empruntant les sonnets de Heredia à un bibliobus. On voit par là que même Heredia peut encore servir à quelque chose (et aussi les bibliobus). Quoi qu'il pût dire au sujet des livres, des femmes, des Arabes et des gens qui ne les aiment pas, des quartiers nord, des Juifs, de sa famille, du football en particulier et de Marseille en général, c'était toujours des choses que personne d'autre n'aurait été susceptible d'éprouver ou d'exprimer de la même façon. Et non, comme la plupart, des choses que l'on a l'impression d'avoir lues la veille dans le journal. Rien de convenu, rien de bien-pensant, rien de communautaire. En somme, il s'agissait véritablement d'un être humain singulier. Inévitablement, nous avions beaucoup bu, de place en place, et à la longue notre entretien avait fini par s'embrouiller, d'autant, comme je l'ai dit, qu'il donnait l'impression d'être déjà très chargé de médicaments. Il me semble que si nous n'avions pas à la fin échangé d'adresses, de numéros de téléphone, etc., c'était en partie parce que nous étions trop saouls pour le faire, mais aussi pour ne pas ravaler notre rencontre au rang de n'importe quelle autre. Mais le résultat, c'est que ne sachant pas même son nom, il ne m'a jamais été possible de le retrouver, alors que j'avais passé toute une partie de la soirée à m'efforcer de le convaincre d'écrire, avec plus d'enthousiasme et de sincérité que je n'en ai jamais mis pour quiconque. (Inspiré peut-être par le fait que nous nous trouvions à Marseille, je crois même lui avoir dit qu'il avait une chance, certes minime, mais une chance tout de même, de devenir le Rimbaud des quartiers nord ou quelque chose de ce genre.)

Quittant le cours d'Estienne-d'Orves, je longeai le fond du Vieux Port, l'entrée de l'hôtel Alizé que j'avais fréquenté en d'autres temps, la terrasse couverte du *New York* où quoi qu'en disent certains je maintiens que l'on boit le meilleur café de Marseille, je traversai la Canebière, toujours nimbée d'une aura de crasse et de précarité en accord avec la place qu'elle occupe dans les annales du fantastique social, puis la rue de la République, je suivis le quai du Port, je pénétrai sous un porche, je montai quelques marches et je poussai la porte du bar *La Caravelle*, d'où la vue que l'on découvre sur le Vieux Port, la colline de Saint-Victor et Notre-Dame-de-la-Garde évoque exactement celle que l'on embrasse du Bosphore depuis ce bar stambouliote, également situé dans les étages d'un immeuble, où Siren m'avait autrefois raconté son arrestation alors qu'elle était ballerine et sympathisante d'un groupe clandestin d'extrême gauche, passant rapidement sur les horreurs qu'elle avait endurées entre les mains de la police et soulignant d'ailleurs que ce qu'elle avait dû subir de la part de ses camarades de détention, par la suite, était peut-être pire encore. Afin de retarder une issue que je présumais inévitable, j'attaquai en douceur, avec un verre de vin blanc de Cassis que l'on me servit accompagné d'olives éclatées et d'autres petites choses bonnes à manger. Les souvenirs d'Istanbul me revenaient en foule et m'entretenaient dans une humeur bénigne. Un peu plus tard survinrent C. et P. (les seuls amis que je comptais alors à Marseille) auxquels j'avais fait signe par téléphone, depuis l'hôtel aux *Iris*, dès l'instant où j'avais formé le projet de bien m'amuser. Peut-être afin de se protéger de la pluie, P. portait une casquette assez étrange, évocatrice de l'époque où il visitait des villas de la Côte dans d'autres desseins que d'en faire des relevés topographiques. C. était chaleureuse et volubile, s'exprimant avec la même absence de calcul qu'à l'occasion de notre première rencontre, lorsqu'elle avait infléchi soudainement le cours de notre conversation, auparavant plutôt professionnelle, pour m'entretenir des extraordinaires et criminelles aventures de son père en Chine. Après avoir bu ensemble quelques godets à *La Caravelle*, nous nous sommes dirigés vers ce restaurant du Panier où nous étions appelés à en boire beaucoup d'autres.

Lorsque je repris mes esprits, quelque six mois plus tard, par bonheur je me trouvais encore sur les bords de la Méditerranée – ou de l'Adriatique, ce qui revient au même – et très précisément à la terrasse de ce café de Split, sur le port, non loin du palais de Dioclétien, dont les circonstances ont fait l'un des endroits du monde qui m'est dorénavant le plus familier. (Des impressions que j'ai ressenties, au moins fugitivement, à la terrasse de ce café, à l'occasion de brefs séjours répartis sur quelque cinq années, je pourrais dire pompeusement qu'elles couvrent à peu près tout le registre des passions humaines.) Pendant la guerre, il arrivait que l'on y rencontrât des jeunes gens amputés d'un ou de plusieurs membres, et d'autres qui avaient perdu la tête – à l'instar de celui qui un jour m'avait enjoint de « craindre les hommes en noir » –, mais il semblait qu'avec le retour de la paix, et celui des touristes, on eût pris soin de les faire disparaître. Et on en avait usé de même avec les chats errants, jadis si nombreux, à la terrasse du *Marjan*, qu'ils étaient parfois jusqu'à sept ou huit à se disputer sous la table – avec beaucoup de tact, en silence et sans jamais vraiment se castagner – les restes de poisson qu'en douce je leur y faisais parvenir.

Une chose au moins n'avait pas changé, c'était le *paseo* qui invariablement, à la tombée de la nuit, faisait évoluer avec la régularité d'un mécanisme d'horlogerie, sur le quai planté de palmiers, des essaims de jeunes filles dont certaines – à vrai dire beaucoup – étaient ainsi faites qu'à défaut d'autre chose on ne pouvait se lasser de les regarder.

Lorsque je regagnai ma chambre de l'hôtel Bellevue, dans la chambre voisine une vieille Anglaise, dont plusieurs indices suggéraient qu'elle ne s'était rendue dans ce pays que mue par des ardeurs philanthropiques à retardement, s'efforçait à l'aide d'une longue baguette de débusquer des rideaux où il s'était empêtré un petit passereau, avec la même expression de terreur que s'il s'était agi d'une araignée géante.

Sur la place aux dispositions italiennes qui s'étend au pied de l'hôtel Bellevue, dallée de marbre et bordée de galeries couvertes sur deux côtés, en dépit de l'immobilité de l'air, des boîtes vides de bière ou de sodas émettaient par instants de désagréables sonorités métalliques, et je me souvins d'une nuit d'hiver, deux ou trois ans auparavant, où la tempête faisait danser des dizaines de ces boîtes sur les dalles de marbre, engendrant un vacarme tel qu'il était impossible de fermer l'œil, et qu'à la fin j'avais dû me relever pour aller les ramasser une à une, courant çà et là comme un chien sollicité par de trop impétueux lanceurs de balles, afin de restaurer le silence marmoréen de la place aux dispositions italiennes.

Le lendemain, à la gare routière, juste en face du quai des ferries, je pris le bus de 8 heures du matin à destination de Sarajevo. Il suffisait donc désormais d'acheter un billet d'autocar (d'un montant de 129 kunas, soit environ le même prix en francs) pour se rendre en quelques heures, sans à-coups, sur une route entièrement asphaltée, avec arrêt-buffet à mi-parcours, dans cette ville qui pendant plusieurs années était demeurée pratiquement inaccessible au commun des mortels, c'est-à-dire à tous ceux qui ne disposaient pas d'un sauf-conduit délivré par telle ou telle agence des Nations unies.

Le siège que l'on m'avait attribué portait le numéro treize, et lorsque l'autocar marqua un arrêt à Makarska, après avoir pendant un peu plus d'une heure longé la mer et stoppé en chemin deux ou trois fois, le siège voisin du mien se trouvait le dernier à n'être pas occupé. De telle sorte que quand Lili Suleimanovitch, que je ne connaissais pas encore par son nom, ni d'aucune autre manière, me demanda (avec une délicatesse qui confinait peut-être à la coquetterie) si elle pouvait s'y asseoir, il me sembla non seulement que le Ciel, après quelques traverses, se décidait à favoriser mes desseins, mais qu'il le faisait avec une prodigalité dépassant toute attente.

Par la suite, il s'avéra que Lili Suleimanovitch, qui avait réussi à fuir Sarajevo au terme de la première année de siège, poursuivait en Angleterre des études de philosophie. Avant même l'arrêt à Jablanica, où le car stationnait environ trois quarts d'heure afin de permettre aux passagers de pisser et de se restaurer, je connaissais déjà une première version de son histoire récente, et tandis que nous déjeunions, au bord d'un ravin dans le fond duquel murmuraient les eaux de la Neretva, elle m'en présenta une seconde sensiblement différente, s'excusant de m'avoir menti tout d'abord par souci de ne pas mettre en péril le statut de réfugiée politique qu'elle s'était ménagé de plus ou moins bonne foi en Angleterre. Le fait qu'une femme si jeune eût eu déjà deux vies, qu'elle fût capable de mentir avec un tel aplomb, et surtout que de son propre mouvement elle eût décidé de revenir sur son premier mensonge pour me confier ce qui avait désormais toutes les apparences de la vérité, acheva de me gagner à sa cause.

A la rigueur, elle pouvait aussi être envisagée comme une allégorie de la Bosnie renaissant (ou appelée à renaître) de ses cendres ; mais ce n'était que le moindre de ses mérites. Plus elle parlait, et toujours de choses qui me ravissaient, plus il m'apparaissait qu'après m'avoir rendu comme par enchantement la capacité d'écouter, Lili Suleimanovitch pouvait accomplir à mon intention particulière encore d'autres miracles.

Cet ouvrage a été réalisé par la
SOCIÉTÉ NOUVELLE FIRMIN-DIDOT
Mesnil-sur-l'Estrée
pour le compte de NiL éditions
en février 1999

NiL éditions
38, rue Croix-des-Petits-Champs
75001 Paris

Imprimé en France
Dépôt légal : février 1999
N° d'édition : 99 PE 03 – N° d'impression : 44755
ISBN : 2-84111-113-X